賊軍の将・家康

関ヶ原の知られざる真実

安藤優一郎

nbb
日経ビジネス人文庫

プロローグ　勝てば官軍、負ければ賊軍の関ヶ原

豊臣政権の〝五大派閥〟

天下分け目の戦いとして知られる関ヶ原の戦いは、東軍を率いた徳川家康が勝つべくして勝ち、西軍を率いた石田三成は負けるべくして負けた予定調和のストーリーで描かれるのが定番だが、それは事実ではない。家康は〝勝てば官軍〟であったに過ぎず、官軍は西軍の方だった。

東軍を率いる家康は〝賊軍の将〟に転落して絶体絶命の状況に追い込まれるが、必死の巻き返しにより形勢を逆転させ、関ヶ原で勝利を収める。その結果、家康は〝勝てば官軍〟となり、三成が〝負ければ賊軍〟となったのである。

全国の大名が東軍と西軍に分かれた関ヶ原の戦いは、まさに国政のトップたる天下人を決める戦いだったが、現代の日本に喩《たと》えれば与党の総裁選に置き換えられるだろ

う。

豊臣秀吉の死後、後継総裁の座に就いたのは忘れ形見の秀頼だが、幼少であり、実権は政権首脳部の五大老と五奉行が握った。五奉行は総裁派閥の豊臣家に属する秀吉の側近大名から選ばれたが、五大老は秀吉とは同僚だった有力大名たちである。秀吉が天下人という総裁の座に就いたことで服属し、大老に任命されたことで主流派を形成した五大派閥だった。

次期総裁の座を狙った毛利輝元

関ヶ原の戦いとは与党内の権力闘争に他ならないが、家康VS三成の図式で捉えるのは正確ではない。関東の太守・家康VS中国地方の太守・毛利輝元という、豊臣家五大老どうしの戦いであった。家康に戦いを仕掛けた西軍の総師は名実ともに、戦国大名の代表格として知られる毛利元就《もとなり》の孫にあたる輝元だった。

関ヶ原の戦いに帰結する政治抗争の主役は、秀頼や総裁派閥たる豊臣家の有力大名たちを取り込んだ五大老筆頭の家康だが、その前に立ち塞がったのが輝元なのである。家康よりもいわば所属議員数で劣っていた輝元は他派閥との合従連衡によって家康を蹴落とし、その地位を奪おうと目論む。その先には次期総裁の座を見据えていたが、家康にしても同様の目論見を秘めていたはずだ。

そして、総裁派閥から五奉行の一人として政権入りした三成と手を組み、家康から秀頼を奪うことで、その名のもと家康討伐を大名たちに命じた。家康は官軍の将から賊軍の将に転落して絶体絶命の危機に陥るが、総裁派閥の豊臣家も一枚岩ではなかった。

政権内部の軋轢《あつれき》を巧みに利用した家康

福島正則たち豊臣家諸将は三成とは不仲であり、家康のもとに走ってしまう。毛利家本体も家康側の切り崩しに遭ったことで、派閥内が動揺した。形勢不利を悟った輝元は領土保全を条件に、戦わずして家康と和睦する。それは関ヶ原の戦い前日のことであり、その翌日、三成は敗者となって賊軍の将に転落した。

勝利した家康は官軍の将に復帰するとともに、敵対勢力を粛清した。豊臣家という総裁派閥は解体され、「家康一強」の体制が確実なものとなったが、その後朝廷から征夷大将軍に任命される。

それは、豊臣政権ではなく江戸幕府という新たな枠組みのもと日本のトップとなったことを意味した。ここに豊臣政権は消滅し、徳川家が豊臣家に代わって国政を取り仕切る時代がはじまる。

本書は、合戦当日までの諸将（派閥）の思惑、暗闘、分裂を丹念に追いかけることで、関ヶ原の戦いの知られざる実像を解き明かすものである。

天下人・家康を生んだ複雑怪奇な政治過程

本書の構成は以下のとおりである。

第1章「死期迫る豊臣秀吉と徳川・毛利家――五大老・五奉行制の導入」では、「秀吉一強」だった豊臣政権が五大老・五奉行制という集団指導体制に切り替えられる過程を整理する。五大老・五奉行制といっても家康と毛利家の二枚看板だったが、やがて家康・前田利家の二枚看板へと移行し、毛利家当主・輝元の危機感は募っていく。

第2章「毛利輝元の野心と失脚した石田三成――『家康一強』体制へ」では、秀吉の死後、家康が他の大老や奉行を屈服させ、あるいは排斥することで独裁化を強めていったことに注目する。家康に屈服した大老・毛利輝元は石田三成との連携で捲土《けんど》重来《ちょうらい》を期した。

第3章「大坂城を占領した輝元と失脚した家康――賊将への転落」では、輝元をバックに挙兵した三成が家康の失脚に成功した裏側を探る。折しも大老・上杉景勝討伐のため、豊臣家諸将を率いて会津に向かっていた家康は、三成・輝元のクーデターにより、官軍の将から賊軍の将に転落する。

第4章「東軍の巻き返しと西軍の分裂――主役の座を奪い返した家康」では、毛利・石田暫定政権の樹立に成功した輝元が肝心の派閥内部をまとめきれず、家康の巻き返しを許した背景を考察する。西軍を率いる輝元は領土欲が強いがあまりに兵力分散という戦略ミスを犯し、当初の優勢を維持できなかった。現場の毛利勢さえも東軍の調略により切り崩されていった。

第5章「家康に屈服した輝元――創られた関ヶ原の戦い」では、開戦前日に輝元と家康が和睦したことで、この合戦が東軍の一方的勝利に終わったことを明らかにする。御家取り潰しは免れたものの、政治責任を取らされた輝元は領土を四分の一に減らされ、事実上の隠退を余儀なくされた。

エピローグ「伝説となった関ヶ原」では、関ヶ原の戦いが家康に都合よく改変されることで、現在定説化している先に述べた予定調和のストーリー、そして家康神話が生まれていったことに触れたい。

以上、本書では毛利輝元の野心が家康一強の政治体制、そして徳川幕府の誕生を早めた複雑怪奇な政治過程を解き明かす。

目次

第2章 毛利輝元の野心と失脚した石田三成
――「家康一強」体制へ

第3章 大坂城を占領した輝元と失脚した家康
――賊将への転落

第5章　家康に屈服した輝元
――創られた関ヶ原の戦い――

第1章

死期迫る豊臣秀吉と徳川・毛利家
――五大老・五奉行制の導入

1 豊臣政権の強化を目指す秀吉

朝鮮出兵の開始

天正十八年（一五九〇）、豊臣秀吉は一世紀以上も続いた戦乱の世を終わらせ、天下統一を実現した。だが、並み居る戦国大名を屈服させるための戦いに追われたことで、統治機構は整えられずにいた。

江戸幕府のように、譜代大名や旗本を大老、老中、奉行などの行政職に任命して政務を任せるスタイルが確立されていなかったのである。秀吉が石田三成たちに代表される側近に対して、諸課題に関する指示をそのつど与えるにとどまった。太閤《たいこう》検地の名で知られる土地調査も、三成たちがいわば奉行として事務方の責任者を務めたが、これが後の五奉行に発展していく。

国内の平定を受け、秀吉をトップとする豊臣政権は統治機構を整備して内政に専念すべきところであったが、秀吉はすぐさま外征に打って出る。「唐《から》入り」の名のもと、中国大陸を支配する明王朝の征服を目論み、その道案内を朝鮮に命じた。だが、拒絶されてしまう。

そのため、まずは朝鮮の征服を目指して、大軍を渡海させることになった。朝鮮出兵のはじまりである。

朝鮮出兵は二度にわたって行われた。

一度目は「文禄の役」と呼ばれ、主に西国の諸大名が秀吉の命を受けて朝鮮半島に渡った。日本軍は九軍に編成され、第一軍は肥後国の宇土《うと》城主・小西行長たち一万八千七百人余、第二軍は同国熊本城主・加藤清正たち二万二千八百人余という陣容だった。計十五万八千七百人もの大軍が渡海している。

豊臣政権が朝鮮出兵の準備を進めるなか、秀吉を悲劇が襲う。

同十九年（一五九一）八月五日、跡継ぎの一人息子・鶴松が夭折し、後継者を失ったのだ。既に齢《よわい》五十五歳に達していた秀吉は実子を跡継ぎにすることを諦め、姉の子・秀次を後継者に指名する。関白職と京都での邸宅である聚楽第を譲り、甥の秀次が豊臣政権のトップに立ったことを天下に示した。

武家政治がはじまる前から、関白は摂政とともに天皇から政務を委託された国政の代行職であった。秀吉は関白職に任命されることで、天皇の権威を後ろ盾に諸大名たちを服従させる政治手法を取っていた。朝廷から与えられた官位・官職でトップに立ち、諸大名を服従させたのである。

国内を秀次に任せた秀吉は、二十年（一五九二）三月二十六日に京都を出陣する。朝鮮出兵の前線基地として急造された肥前国の名護屋城《なごや》へと向かったが、秀吉が名護屋に到着する前に、渡海部隊は朝鮮軍を各所で破っていた。

四月十二日に名護屋を出帆した日本軍は釜山《プサン》上陸後、快進撃を続ける。五月三日には首都・漢城が陥落した。同二十五日、秀吉は名護屋に到着するが、その後も第一・二軍を率いる行長と清正を先鋒とする日本軍は快調に進撃を続けた。

六月十五日、行長は平壌を攻め落としたが、その線で北進を停止する。戦線が拡大して兵糧など軍需品の補給が滞っていたことを考慮し、朝鮮そして明との和平交渉を模索しはじめたのだ。

実際、日本の水軍は李舜臣《りしゅんしん》率いる朝鮮水軍に各所で敗れ、制海権を脅かされつつあった。陸上でも、国土を侵攻された朝鮮側の抵抗は激しかった。

翌文禄二年（一五九三）一月六日、李如松《りじょしょう》率いる明の大軍に行長が平壌で敗れたことで、日本軍は戦線の後退を余儀なくされる。その後、戦局は膠着状態に入ったため、渡海した日本軍の間には厭戦《えんせん》気分が広がっていく。

名護屋城にいた秀吉は戦況に苛立つが、八月に入ると、秀吉のもとに吉報が届く。その報せは秀吉を驚喜させるが、政権内に大きな亀裂をもたらすことになるのは皮肉なことであった。

粛清された関白・豊臣秀次

秀吉を驚喜させた報《しら》せとは、同年八月三日に、淀殿と呼ばれた茶々が再び男の子を産んだことである。幼名は拾《ひろい》。後の豊臣秀頼だ。

秀吉が秀頼を跡継ぎにしたいと望むのは当然の成り行きだったが、その前に立ち塞がったのが、皮肉にも当の自分が後継者に定めた秀次である。そのため、秀次に関白職を譲って豊臣政権のトップに据えたことを後悔しはじめる。

早くも十月一日には、生後二か月に満たない拾と、年端も行かない秀次の娘を婚約させたが、これは秀次の跡を拾、つまり秀頼に継がせるための路線に他ならない。だが、秀頼が豊臣家を継承するまでの中継ぎにさせられた秀次としては当然、面白くない。

二人が対立するのは時間の問題だった。秀次が豊臣政権のトップである以上、二人の争いは政権を混乱させるものでしかなかった。

秀次に関白職を譲ったものの、前関白《さきの》（太閤）である秀吉が豊臣政権の実権を引き続き握っていた。秀吉は秀次とその一族を抹殺することで、秀頼を確実に豊臣家のトップに据えようと決意する。

文禄四年（一五九五）七月三日、謀反の疑いがあるとして、秀次は秀吉が派遣した三成たちの尋問を受ける。八日には出家して高野山にのぼるよう命じられるが、その時、関白職は剝奪されている。十一日、秀次の正室や側室、その間に生まれた子供たちは丹波国の亀山城に移され、幽閉された。

十五日、秀次は秀吉の命により切腹する。享年二十八。その首級《しるし》は京都の三条河原に送られ、晒された。

八月二日には、亀山城に幽閉されていた秀次の正室、側室、子供たち、そして侍女三十余名が三条河原に引き出され、同じく処刑された。侍女まで処刑したのは、秀次の子供を身ごもっていることを危惧したからである。

秀次とその一族の粛清に連座し、切腹あるいは処罰された諸大名は少なくなかった。自害した者としては、秀次の家老職を務めていた山城国の淀城主・木村重茲《しげこれ》、但《たじ》馬国《まのくに》の出石城主・前野長康が挙げられる。もとはといえば、秀吉が自分の家臣団から秀次付きとして出向させた大名たちであった。

秀吉には父祖の代から家臣だった者はいなかったため、親族を取り立てるとともに、小姓たちを大名に抜擢するなどして家臣団の強化に努めた。その点、生まれながらの大名とも言うべき家康たちに比べると、忠誠を誓う譜代衆は質量ともに劣った。よって、今回の粛清によりもともと脆弱だった家臣団に大きな亀裂が走るのは避けられなかった。豊臣政権が分裂・崩壊する大きな要因となる。

豊臣政権の危機に対し、秀吉もただ手をこまねいていたわけではない。政権を立て直し、そして秀次に代わって後継者と定めた秀頼の地位を安泰なものにするため、起《き》請文《しょうもん》を有力大名たちに提出させた。起請文とは何らかの事案を神仏に誓約する旨の文書のことである。

まず、秀次が切腹する直前の七月十二日付で、後の五奉行である三成と増田《ました》長盛が連名で、秀頼への忠誠そして秀吉が定めた掟《おきて》や法令に従うことを誓う血判起請文を提出した。

続けて秀次切腹後の同月二十日に、後の五大老である備前国の岡山城主・宇喜多秀家と加賀国の金沢城主・前田利家が同様の起請文をそれぞれ提出したが、同日には織田信雄《のぶかつ》ら二十八名の有力大名が連署した血判起請文も提出される。同じ大名でも、五大老となる秀家や利家と、その他の大名とが線引きされたことがわかるが、秀吉による線引きはそれだけではなかった。

豊臣政権を支える徳川家と毛利家

豊臣政権ナンバーツーの大名といえば、関ヶ原の戦いの主役である徳川家康をおいて他にはいない。武蔵国《むさしのくに》の江戸城を居城とする家康の石高は二百五十万石余にも達した。

秀吉もその実力を認めて五大老の一人に選ぶが、その次に位置する大名こそ、関ヶ原のもう一人の主役となる安芸国《あきのくに》の広島城主・毛利輝元である。当時は家康に次ぐ百二十万石の身上だった。

よって、秀吉は家康と輝元には連署起請文を別途提出させたが、連署したのは二人だけではない。筑前国の名島城主・小早川隆景にも連署させた。それほどに秀吉が信頼を寄せた隆景は、輝元の叔父にあたる人物であった。

毛利元就の三男として天文二年（一五三三）に生まれた隆景は、秀吉よりも四歳年長である。元就は次男・元春を安芸の名門の吉川《きっかわ》家、三男・隆景を同じく小早川家に養子として送り込むことで両家を毛利一門に組み込み、嫡男・隆元を支える体制を作り上げる。これを「毛利両川《りょうせん》体制」と呼ぶ。いわゆる「三本の矢」だ。

隆元の死後は、その嫡男・輝元が毛利家当主となるが、叔父の元春と隆景は輝元を支えることで、毛利家の安泰をはかる。具体的には、秀吉の天下統一事業を支えることで領国の保全に努めた。

特に隆景は毛利勢を率いて秀吉の四国征伐や九州征伐に参陣し、武功を挙げた。九州征伐後にはその軍功が賞され、毛利家本領とは別に筑前などで三十五万石余を与えられた。石高では毛利本家百二十万石の三分の一に過ぎなかったが、秀吉から優遇され、官職は輝元と同じく中納言にまで昇進している。

三人連署の起請文の日付は同年七月付になっていたが、秀吉に提出されたのは八月二日のことである。起請文は五箇条から成り、第三条目《じょうもく》までは他の有力大名と同じく、秀頼への忠誠と秀吉が定めた掟や法令の遵守を誓う内容だった。ところが、第四・第五条目の内容は違っていた。

第四条目は、日本を二つに分けた上で、東国は家康、西国は輝元と隆景に任せるという趣旨の条文であった。豊臣政権を支える柱石として、二大勢力の徳川・毛利両家を位置付ける秀吉の考えが示されたが、隆景も加えた毛利家をして家康を牽制したい意図も読み取れるだろう。

第五条目では、国元に戻らず在京して秀頼に仕えることを三人に義務付けた。止むを得ず国元に戻る時は、家康と輝元が交代で戻るよう命じている（『毛利家文書』）。二人が同時に国元に戻ることで、徳川・毛利両家に支えられる豊臣政権が揺らぐのを懸念したのである。

大老として政権入りした家康たち

文禄四年八月二日に徳川・毛利両家が豊臣政権の柱石であることが示された後、翌三日には家康、備前国岡山城主・宇喜多秀家、越後国春日山城主・上杉景勝、利家、輝元、隆景の六名連署による「御掟《おんおきて》」と「御掟追加」が布告された。

双方とも秀吉の意を受けて制定されたものであり、「御掟」の五箇条は諸大名、「御掟追加」十一箇条は公家や寺社、農民などを対象とした法令だった。江戸幕府で言えば、「御掟」は武家諸法度、「御掟追加」は禁中並公家諸法度や諸宗寺院法度などにあたるだろう。

豊臣政権の基本法たる「御掟」「御掟追加」をみずからの名前で布告した以上、六人は豊臣政権の首脳部ということになる。これは豊臣政権入りを意味したが、充てられた役職こそ後の大老職であった。

この六人は天下統一の過程で秀吉に臣従する道を選んだ有力大名だが、大老に任命して政権内に取り込むことで、秀次の粛清により動揺した豊臣政権の基盤を強化したい秀吉の狙いが秘められていた。野党化して倒閣運動など起こされないよう、閣内に封じ込めた形である。

大老の名で布告された「御掟」「御掟追加」だが、秀吉にとって重要なのは諸大名を対象とした「御掟」の方だった。秀吉が最も警戒した諸大名の行動とは、大名どうしが同盟を結んで豊臣家を脅かす存在となることである。それを防ぐため、諸大名どうしの婚姻は秀吉の許可が要件と「御掟」で定めた。大名どうしの婚姻とは事実上、同盟関係の構築を意味したからであった。

大名どうしで誓詞を取り交わすことも禁止したが、これもまた豊臣家を脅かす同盟関係の構築を防ぎたい狙いが込められた。大名間の婚姻や誓詞の取り交わしをコントロールすることで、豊臣家を脅かす大名の同盟を未然に防ごうとした。

「御掟」の布告からわずか三年後に秀吉は死去するが、秀吉の死後は諸大名の間の婚姻に誰が許可を与えるのか。

「御掟」では触れられていないが、豊臣政権の許可が要件となるのは言うまでもない。幼少の秀頼では判断が難しい以上、首脳部である大老と後述する五奉行の総意を得ることが想定されただろう。

大老の職務は諸大名の間の婚姻に許可を与えることだけではない。諸大名にとって最大の関心事である所領の給付も含まれる。豊臣政権トップの専権事項を代行する役割も担っていた。

並み居る諸大名のなかで大老に選ばれたのは、大封《たいほう》を持つ有力大名であった。隆景は例外として、いずれも五十万石を超える身上であり、同程度の石高を持つ陸奥国《むつのくに》の岩出山城主・伊達政宗、常陸国《ひたちのくに》の水戸城主・佐竹義宣《よしのぶ》、そして薩摩国の島津義弘を除けば、石高の多い大名を上から選んだ格好だった。

ただし、一口に大老といっても同格ではない。東国は家康、西国は輝元と隆景に任せるという起請文を踏まえれば、同じ大老職でも家康、輝元、隆景と利家、秀家、景勝の間にははっきりと格差があった。現代風に言うと、同じ豊臣政権の閣僚でも徳川・毛利両家は副総理格と位置付けられる。

一方、大老とともに豊臣政権を支えた五奉行（石田三成、増田長盛、長束《なつか》正家、前田玄以《げんい》、浅野長政）は前田玄以を除き、秀吉の側近から大名に取り立てられた吏僚層であった。豊臣家譜代衆を代表して、政権中枢部を構成した。主たる職務は、京都や大坂などの直轄都市や、「蔵入地《くらいりち》」と呼ばれた直轄領の支配である。

その身上は大老よりも一回り小さく、石田三成、増田長盛、浅野長政は二十万石前後で、長束正家や前田玄以は五万石ほどに過ぎない。だが、江戸幕府の職制にあてはめれば老中であり、その政治権力は大老に勝るとも劣らなかった。

大老・前田利家の急浮上

秀次の粛清を契機に有力大名を取り込む形で誕生した六大老だが、慶長二年（一五九七）六月十二日に秀吉が厚い信頼を寄せていた隆景が死去すると五大老となる。

実子がなかった隆景は末弟の秀包《ひでかね》を養子としていたが、文禄二年（一五九三）に秀頼が生まれると、秀包には別家を立てさせ、翌三年に秀吉の甥にあたる秀俊を養子に迎える。秀次は秀吉の姉の子だったが、秀俊は秀吉の正室・北政所の兄・木下家定の子である。

小早川秀俊とは、関ヶ原の戦いでキャスティングボートを握った小早川秀秋その人だが、ここに小早川家は事実上豊臣家の一門となる。隆景の厚遇は、このこととも無関係ではないはずだ。

しかし、隆景が隠居すると、豊臣政権における輝元の処遇は悪くなる。秀吉は隆景を厚遇する一方で、大老・前田利家の政治的立場を引き上げていた。

利家は大老のなかで唯一、織田家で同僚だった人物である。天文七年（一五三八）生まれで、秀吉より一歳年下、家康よりも四歳年上。信長が本能寺で横死した後、賤ヶ岳の戦いを経て秀吉の配下となり、北加賀二郡、能登、越中を領する有力大名として天下統一の事業を支えた。その身上は八十万石ほどで、石高でみれば家康、輝元の次に位置した。

秀吉に臣従した大名たちは、その天下取りに連動して官位・官職が引き上げられたが、利家にとって画期となったのは文禄三年である。正月五日、輝元とともに従三位《じゅさんみ》に叙せられたが、四月七日には輝元と隆景の二人に先駆けて権中納言に任ぜられ、豊臣政権では権大納言の家康に次ぐポジションへと駆け上がる。

輝元に対する秀吉の期待は大きかったが、利家への期待も勝るとも劣らずと言えた。利家の厚遇にしても、家康への牽制であった。

翌四年の秀次切腹後は、利家に秀頼の傅役《もり》を命じ、後見人として位置付けた。自分亡き後に備えた対応だったのは言うまでもない。慶長元年に家康は正二位内大臣に昇進したが、利家も従二位権大納言に昇進する。しかし、輝元は権中納言のままであり、利家の下に位置付けられた。家康、利家、輝元の順である。

この頃、隆景は隠居の身であり、翌年には病没する。秀吉としては隆景に多くを望めなくなっていたことから、利家に期待したことがわかる。その政治的立場を上昇させて家康のライバルに仕立てようとしたが、同じく大老の宇喜多秀家が利家の娘婿だったことも無視できない。家康vs利家＋秀家という図式だ。

当初、大老でも家康、輝元、隆景と、利家、秀家、景勝の間には格差があり、家康、輝元（隆景）は同じ豊臣政権の閣僚でも副総理格だった。しかし、隆景が政界から隠退すると、利家を家康と並ぶ副総理格に昇格させる。一方、輝元は秀家や景勝と同格の閣僚に格下げとなった。

秀吉、家康、利家は同年代で六十代前後だったが、天文二十二年（一五五三）生まれの輝元は四十代前半で、秀吉たちとは一回り以上年齢差があった。戦国大名としての経歴も、秀吉たちに比べれば劣っていたと言わざるを得ない。

秀吉よりも年長で毛利家に強い影響力を持つ隆景がいればこそ、輝元は副総理格として処遇されたのだろう。だが、隆景がいなければ話は違ってくる。

こうして、大老内の序列に変化が起き、利家のポジションが引き上げられていく。一方、西国の統治を任せられた輝元のポジションは引き下げられたのである。

2　別格だった関東の太守・徳川家康

一族の統制に苦労する家康

大老として豊臣政権入りした家康の所領は二百五十万石を超え、諸大名のなかでは群を抜いていた。秀吉から牽制役を期待された輝元にせよ、利家にせよ、その石高は家康の半分にも満たなかった。

しかし、家康が名実ともに一国を支配する大名となったのは、それより三十年ほど前の永禄九年（一五六六）のことであった。その後、急速に版図《はんと》を広げて輝元たちを凌駕する身上となる。

戦国大名・徳川家の急成長ぶりを整理しておこう。

家康の先祖は、三河国加茂郡松平郷（現愛知県豊田市）の土豪・松平太郎左衛門家に入り婿した松平親氏と伝えられる。この親氏が家康の生家松平家の初代とされ、歴代当主は親氏―泰親―信光―親忠―長親―信忠―清康―広忠―家康の順である。

松平家は親氏から家康までの間に多くの分家が枝分かれした結果、「十八松平」と称される一族に発展する。分家の各松平家は発祥の地・松平郷の周辺に拠点を構築して勢力を広げつつ、本家たる松平惣領家を一門として支えることが期待された。その結果、松平家は三河有数の領主に成長する。

ただし、家康の五代前にあたる親忠は岩津松平家と呼ばれた松平惣領家の出身ではなかった。分家の一つ安城松平家の当主だったが、岩津松平家が駿河国《するがのくに》の戦国大名・今川家との戦いに敗れて衰退したため、安城松平家に惣領家が移行して松平一族を束ねる立場となる。

祖父・清康の代には一族への統制を強めて惣領家の基盤を強化しつつ、三河国内の有力武士を次々と服属させることで三河統一を目指した。本拠地も安城から岡崎に移したが、天文四年（一五三五）に家臣に殺害され、三河統一の目論見は頓挫する。

清康の息子・広忠が跡を継ぐが、一族を統制できず、三河を追われる事態となる。当時は駿河のほか遠江国《とおとうみのくに》も支配していた今川家のバックアップにより、同六年（一五三七）に至って岡崎城に戻ることができたが、その代償として今川家への従属を余儀なくされた。引き続き一族の統制にも苦しんだが、天文十八年（一五四九）に家臣の手にかかって殺害されてしまう。

広忠の嫡男が家康だが、当時八歳であった。その後も松平家は今川家に従属したままで、家康は人質として駿河での生活を強いられた。

しかし、永禄三年（一五六〇）の桶狭間の戦いで、尾張国の戦国大名・織田信長が今川義元を討ち取る。これを契機に家康は今川家から自立し、三河統一に邁進する。一向一揆に苦しめられながらも、同九年までに三河統一を実現し、一国を支配する戦国大名となった。

その過程で、家康は分家への統制を強化していく。惣領家のもとに完全に従属させることで、みずからの立場を確固たるものにしようとはかり、その象徴として松平家からの改姓を目論む。それだけ、家康は松平一族の統制に苦しんでいた。

そこで選ばれたのが、由緒ある新田氏（清和源氏）の流れを汲む「得川」という苗字だった。朝廷も家康が新田氏庶流得川氏の末裔であることを認め、九年十二月に得川つまり徳川への改姓を許可する。朝廷から三河国の支配を意味する従五位下三河守に叙任されるには、源氏の流れを汲む由緒ある苗字への改姓が不可欠という事情もあった。三河の土豪出身では三河守に任命されることは難しかったのだ（本多隆成『定

本　徳川家康』吉川弘文館）。

こうして、実力で勝ち取った三河の支配が朝廷からも認められた家康は、本来は同族である松平一族との関係を主従関係へと切り替えていくのである。

徳川家の版図拡大と家臣団の膨張

家康は三河を統一した後、版図を東に拡大するが、家康独力で実現できたわけではない。西方で国境を接する尾張の織田信長との同盟に大きく与《あずか》っていた。三河統一にしても、信長との同盟がなければ順調には進まなかっただろう。

永禄十一年（一五六八）十二月、家康は今川家の領国となっていた遠江国に侵攻したが、時を同じくして、甲斐国の戦国大名・武田信玄も今川家の領国・駿河に侵攻する。翌十二年五月、家康は遠江を平定して今川家の旧臣を家臣団に組み入れたが、今度は駿河に侵攻した信玄との戦いが時間の問題となっていく。家康は武田家との戦いに備え、居城を岡崎から遠江の浜松に移した。

元亀三年（一五七二）より、信長を巻き込む形で武田家との本格的な戦いがはじまる。信玄の死後も、家康の領国である遠江や三河をめぐって死闘が続いたが、天正十年（一五八二）三月に信長と家康の連合軍は武田家を滅ぼす。戦後処理として、信長はその旧領のうち甲斐・信濃・上野国《こうずけのくに》を織田家の領国に組み入れた。家康は駿河を領国に加えた。

ところが、同年六月二日に本能寺の変で信長が横死すると、織田家の領国となったばかりの甲斐・信濃・上野国は混乱状態に陥った。家康はこの機に乗じ、同年のうちに甲斐・信濃両国を掌握し、五か国を支配する有力大名へと成長する。精強で知られた武田家の旧臣を家臣団に組み入れ、軍事力も強化した。

その後、家康は信長の後継者として天下統一を目指す羽柴（豊臣）秀吉と対立する。局地戦では勝利を得たものの、最終的には秀吉に臣従する道を選ぶ。同十四年（一五八六）十月二十七日、家康は大坂城で秀吉に拝謁して臣下の礼をとった。帰国すると居城を浜松から駿府に移し、五か国の経営にあたった。

家康を臣従させた秀吉は翌十五年（一五八七）に九州を平定し、天下統一には関東と東北の平定を残すだけとなったが、関東数か国を支配する北条家の服属が事実上最後の関門であった。秀吉は家康を介して北条家を服属させようとはかるが、十七年（一五八九）十一月に北条家が秀吉の命令に背く軍事行動に出る。秀吉が信濃の小大名・真田家の城と認めた上野の名胡桃《なぐるみ》城を奪ったのだ。これを口実に、秀吉は北条家討伐に踏み切る。

翌十八年三月一日、秀吉は京都を出陣する。秀吉軍は北条家の居城・小田原城の陥落を目指して東海道を進む本隊のほか、関東各地の支城を攻める前田利家や上杉景勝などの別働隊を含めて、総勢二十万人を超える大軍だった。国境を接する家康は東海道軍の先鋒として小田原城の攻囲軍に加わった。

秀吉軍は本隊が小田原城を十重二十重《とえはたえ》に包囲する一方で、別働隊が上野国の松井田城、館林城、武蔵国の川越城そして江戸城などの支城を次々と陥落させていった。七月五日には小田原城も開城となり、北条家は秀吉に降伏する。関東は平定された。

同十一日、前当主の北条氏政と弟・氏照は秀吉から自害を命じられた。現当主の氏直は家康の娘婿だったことが考慮されて助命され、高野山へ追放となる。

ここに、戦国大名の北条家は滅亡する。時を移さず、秀吉は東北の平定に取りかかり、天下統一を完了させた。

災い転じて福となした関東転封

天正十八年七月十三日に小田原入城を果たした秀吉は、すぐさま戦後処理に取りかかったが、約二百四十万石にも及ぶ北条家旧領を与えられたのは小田原攻めの先鋒を務めた家康だった。その代わり、領国五か国を取り上げる。お国替えであった。

小田原開城前から、家康が関東に転封されるとの噂は流れていた。発信源は秀吉の本陣である。秀吉は水面下で国替えを家康に打診するとともに、国替えの情報をリークすることで外堀を埋めていった。

百万石ほどの身上の家康にとってみれば数字上は倍増であったが、艱難辛苦《かんなんしんく》の末、領国とした五か国（三河・遠江・駿河・甲斐・信濃）を取り上げられた上での加増だった。この国替えには、関東をしっかり統治してもらいたいという意図に加え、家康の力を削いで、秀吉の本拠である上方から遠ざける意図も秘められていた。いわば昨日までの敵地に乗り込む形であり前途多難が予想されたが、家康は国替えの命を甘受し、新領地の関東で実力を蓄えることになる。

家康の所領は北条家の旧領に加え、近江《おうみ》などで与えられた所領を含めると二百五十万石を超えたが、関東すべてを支配下に置いたわけではない。北条家旧領を基本に相模・武蔵・上総《かずさ》・下総国《しもうさのくに》は全域を支配したが、上野国は大半、下野国《しもつけのくに》は一部のみ。常陸国は佐竹家、安房国《あわのくに》も里見家の領国だった。関東以外では北条家旧領の伊豆国も領国である。

家康が居城に定めたのは小田原城ではない。秀吉の指示を受けて入ったのは、北条家の時代は支城の一つに過ぎなかった江戸城だった。家康入城前の江戸については、葦原が茂り、家が点在する寂れた漁村に過ぎなかったという言い伝えも残されているが、それは事実ではない。

家康が居城に定める前から、江戸は城下町として発展を遂げていた。諸国からの商船が湊へ頻繁に出入りし、城下には商人が群集して市《いち》も毎日開かれた。人家も密集していた。

太田道灌が江戸城を築いたのは、応仁の乱の少し前にあたる長禄元年（一四五七）のことだが、道灌が江戸に城を築いたのは陸上や水上の交通における要衝だったからだ。陸上では鎌倉・甲州街道により関東各地と結ばれ、水上では利根川などの河川を通じて関東の奥地まで結ばれるなど、江戸は陸上・水上交通の結節点であった。さらに、関東の中央部に位置したため、西に偏り過ぎる小田原より関東の支配には適したことも、秀吉から江戸が居城に指定された理由なのである。

江戸城を居城と定めた家康は、北条家の支城や交通の要衝に一万石以上の家臣を配置し、領国の防衛にあたらせた。代表的な事例としては、秀吉の指示を受けて徳川四天王と称された重臣の井伊直政が上野国箕輪十二万石、榊原康政が上野国館林十万石、本多忠勝が上総国大多喜十万石に封ぜられている。関東支配には必要という判断が背景にあった。一方、一万石未満の旗本には江戸近辺で所領を与え、江戸城の防衛にあたらせた。

家康の関東転封に伴い、五か国に広がっていた家臣団も関東に移ることが求められた。家臣たちの間では先祖伝来の土地から引き離されることへの反発が大きかったが、家康は秀吉の命を楯に関東への移住を厳命する。実は家康にとって、関東転封とは悪い話ばかりではなかった。

国替えに乗じて先祖伝来の土地と引き離すことで、独立性の強い家臣の力を削げるメリットがあった。戦国時代とは下剋上の世でもあり、どの大名も家臣の統制には苦労していた。

家康とて例外ではない。その点で言えば、関東転封には災い転じて福となした側面もあったことは見逃せない。

家康の家臣といえば、忠誠心が強かったことで知られる三河譜代の家臣がイメージされるが、家康に絶対の忠誠を誓ったとは限らない。先の秀吉との戦いでは、三河譜代の重臣・石川数正が切り崩しに遭って寝返り、家臣団に動揺が走った。

その上、徳川家は版図が急拡大し、それに伴って家臣も大幅に増えたため、家臣団の統制に苦しんでいた。三河譜代の家臣に加え、今川家旧臣、武田家旧臣、そして関東への転封により北条家旧臣も家臣団に加わっており、まとまりのなさは否めなかった。

よって、関東転封は徳川家をいわばリセットできる貴重な機会となる。家臣たちを先祖伝来の土地から引き離すことで独立性を奪い、そして統制を強化できるとともに、領国経営を強化するため自由に配置することもできたからである。

なお、家康の旧領は信長の次男で織田家当主の尾張国清洲城主・織田信雄に与えられたが、尾張や伊勢国などの領国を取り上げた上での国替えだった。そのため、信雄は父祖よりの所領である尾張を離れるのを嫌がって転封命令を拒否し、秀吉の怒りを買う。信雄は所領を取り上げられ、下野の烏山《からすやま》に流されてしまう。

信雄に代わって家康の旧領に封ぜられたのは、秀吉子飼いの大名たちであった。中村一氏《かずうじ》（駿府城主）、堀尾吉晴（遠江浜松城主）、山内一豊（遠江掛川城主）、田中吉政（三河岡崎城主）、池田輝政（三河吉田城主）たちが入り、関東に封ぜられた家康の牽制役を期待された。

3　中国地方の太守・毛利輝元が抱える複雑な御家事情

戦国大名・毛利家の成り立ち

家康は関東の太守へと急成長を遂げたことで、秀吉から東国の統治を任せられる立場となったが、西国の統治を任せられた中国地方の太守・毛利輝元は、家康のように一代にして身上が巨大化したのではない。祖父・毛利元就の時に版図が一気に拡大し、その身上を維持していたことで西国の統治を任せられた。

次は戦国大名・毛利家の成り立ちをみていこう。

戦国時代さなかの明応六年（一四九七）に、元就は安芸の国人領主で吉田郡山城主・毛利弘元の次男として生まれた。国人領主とは、出身地で所領支配にあたる領主を指す用語である。一国を支配するほどの身上ではなく、それより一ランク下の郡単位で所領を支配した領主だった。最近では国衆《くにしゅう》と表現されることも多いが、現地で土地を掌握している強みがあり、幕府や守護大名など上級権力者の統制にはなかなか服さなかった。独立性が強かった。

戦国大名の出自は、大まかに言うと三つに分けられる。一つ目は室町幕府から各国の守護に任命されることで守護大名として自立化し、そのまま戦国大名に移行した事例。甲斐の武田信玄や駿河の今川義元たちが代表格だ。

二つ目は、守護大名の代理として領国支配にあたった守護代が、下剋上により戦国大名に成り上がった事例である。越後守護代の家に生まれた上杉謙信は、守護を追い出す形で越後を領国とする戦国大名となった。

そして三つ目が、国人領主たちの盟主の立場からランクを上げて大名化した事例で、元就がこれにあてはまる。

毛利家はもともと、安芸の一部を支配する国人領主に過ぎなかった。安芸は国人領主たちが群雄割拠して鎬《しのぎ》を削り、安芸一か国を支配する戦国大名が未だ登場していなかった。

一方、隣国では周防《すおう》・長門国《ながとのくに》などを支配する大内義隆、出雲《いずも》・伯耆《ほうき》など山陰諸国を支配する尼子晴久という二大戦国大名が版図を拡大させた。安芸を手に入れようと虎視眈々と狙っていた。

そんな状況下、大永三年（一五二三）に二十七歳で家督を継いだ元就は、元亀二年（一五七一）に七十五歳で死去するまで、合戦と調略に日々明け暮れる。その結果、逆に大内家や尼子家の領国を呑み込み、中国地方の過半を支配する戦国大名へとのぼり詰めた。

つまり、元就は同じ国人領主を滅ぼし、あるいは屈服させることで安芸の国人領主の盟主となり、同格の領主たちを従属させた。その後近隣の国々に侵攻し、中国地方の半分以上を手に入れる。さらには、海を渡って四国や九州にも攻め込み、毛利家の名前を西国に轟《とどろ》かせた。

領国の現状維持が家訓化する

だが、毛利家のように国人領主が戦国大名化する場合、ある限界を共通して持っていた。領主権力の脆弱さである。

国人領主たちを服属させて家臣団に組み込んだとはいえ、もともと同格だった彼らの独立性は非常に強かった。毛利家の統制に服さない領主は少なくなく、巨大な版図を誇ったわりに、その権力基盤は弱かった。家臣団の統制に悩まされたことで家中のまとまりも悪かった。それは国人領主の盟主としての立場を克服できなかったことを意味していた。

元就が息子たちを他家に養子入りさせたのも、他の国人領主を一門化することにより権力基盤を強化するためだった。毛利家の家督を継いだのは長男・隆元だが、次男・元春と三男・隆景をそれぞれ安芸の有力国人領主である吉川家と小早川家の養子とすることで、毛利家を吉川・小早川家が支える「毛利両川体制」を作り上げる。隆元の死後は、その嫡男で当主となった輝元を元春と隆景が支えたことは先に述べた。

しかし、国人領主たちの独立性は依然として維持されたため、権力基盤が強固とは言い難かった。家康の場合と同じく、家臣団が巨大化したがゆえに家中を統制しきれない問題を抱えていた。そんなまとまりのなさが、関ヶ原の戦いの帰趨にも影響を与える。

元就が子孫に残した言葉として、「毛利家は天下を望んではならない」というフレーズがよく引用される。中国の太守として身上は大きかったものの、元就自身が毛利家の権力基盤の脆弱さをよくわかっていたことが窺える。

さらに上を望むのではなく、家中の結束を高めて現状維持を目指すよう言い残したのだ。その言葉には、過度な領土欲は慎むべきことが含意されていた。

よって、毛利家では元就が残した言葉に従い、天下を望むのではなく領国の維持に力を入れることが家の方針、つまりは家訓となる。

そうした毛利家の方針は、秀吉との関係でまさに浮き彫りにされる。

秀吉が信長の武将だった時代、毛利家は秀吉と敵対しており、天正十年（一五八二）四月からは備中国の高松城が水攻めに遭う。秀吉は高松城の近くを流れる足守川を堤防で堰き止め、水を城側に流し込んだ。折しも梅雨時であり、瞬く間に増水して城の周りは水浸しとなり、水没は時間の問題だった。

輝元は元春と隆景を急遽高松城に向かわせ、堤防を挟む形で、高松城を包囲する秀吉軍と対峙させた。一方、秀吉は安土城にいた信長に毛利軍の来襲を急報する。毛利家との決戦の時が来たと判断した信長は出陣を決意し、明智光秀たちにも出陣を命じた。

高松城救援に駆けつけた元春と隆景は、信長が備中に出陣してくるのを知ると、秀吉に和睦を申し入れる。そこで秀吉との交渉にあたったのが安国寺恵瓊《あんこくじえけい》という僧侶である。恵瓊は毛利家で外交交渉を担当しており、秀吉とも面識があった。

ところが、六月二日の早暁、信長が明智光秀の襲撃を受けて京都の本能寺で自刃する。翌三日に、その報が秀吉のもとに届いた。

信長の横死を受け、逆に秀吉の方が講和の取りまとめを急ぐ。毛利家の提案を呑む形で講和に合意し、双方誓書を交換した。講和が成立すると、秀吉は光秀討伐のため、すぐさま軍勢を東に向かわせた。その直後、毛利家は信長横死の事実を知る。

事態の急変を受け、毛利家の意見は二つに割れた。元春は講和を破棄して秀吉を討つべしと主張したが、隆景は講和の維持を主張した。

誓書を取り交わしたばかりであるのに、すぐに講和を破棄するのはいかがなものか。

毛利家には、天下を望んではならないという元就の言葉もある。よって、版図の拡大よりも、その維持をはかる方針を堅持すべきというのだ。

結局隆景の主張がとおり、毛利家は秀吉を追撃することなく軍勢を引き揚げる。救われた形の秀吉が隆景に厚い信頼を寄せる原点にもなった。

以後、秀吉は信長の遺志を継いで天下統一を進める。毛利家は隆景や恵瓊が前面に出る形で秀吉との交渉にあたるとともに、秀吉の天下取りに協力する形で領国の維持をはかり、中国の太守としての地位を保った。ナンバーワンの座を狙わず、いわばナンバーツーの立場に甘んじることで、毛利家の安泰を目指したのである。

養子だった毛利秀元への分知問題

領主権力の脆弱さを背景に、過度な領土欲を慎むことで中国地方の太守としての地位を維持した毛利家だが、この頃、複雑な御家事情を抱えていた。

当初、輝元には実子がおらず、元就の四男で叔父にあたる穂井田元清の息子・秀元を養子に迎えていた。従兄弟を跡継ぎにした格好だが、秀次が切腹した年である文禄四年（一五九五）十月十八日に嫡男・松寿丸を得る。後に、秀頼の偏諱《へんき》を賜って秀就と名乗った。

輝元に嫡男が生まれたことで、秀元の立場は微妙なものとなる。隆景が羽柴秀俊（小早川秀秋）を新たに養子としたことを受け、養子だった秀包に別家を立てさせたのと同じく、毛利家の御家騒動を防ぐため秀元に別家を立てさせる運びとなった。

秀包の場合、養父だった隆景とは別に秀吉から筑後三郡を与えられ、久留米城主でもあった。要するに独立した大名であり、小早川家としては別家の創設に際して所領の分知は不要だった。しかし、秀元の場合は毛利家の所領から分知しなければならなかった。

秀元は、豊臣家と姻戚関係にあった。秀吉が弟・秀長の娘を秀元に嫁がせたからである。秀元が毛利家当主の座に就くことを見込んだ政略結婚だったが、義理の甥にあたる秀元が毛利家を継げないのならば相応の所領を与えるよう、秀吉は輝元に強く求めた。

秀吉の死の直前にあたる慶長三年（一五九八）八月一日に、秀吉の意向が毛利家に伝えられる。秀元には輝元の所領のうち出雲・石見二か国を与えるとしたが、出雲・石見は毛利家所領の約四分の一をも占めており、秀元への優遇ぶりが顕著な裁定であった。

だが、秀元が優遇される分、輝元は不満であった。その分、毛利家当主としての力が削がれる。

よって、裁定の見直しを求めて巻き返しに出るが、この裁定が日の目をみることはなかった。まもなく秀吉が死去したからであるが、最終的には以下のとおり、毛利家の所領が秀元に分知されることになった。

秀元には、長門のほか周防吉敷郡、安芸・周防・備後にあった亡父・穂井田元清領が与えられた。要するに輝元の反発に配慮した裁定だが、毛利家としてはともかく、輝元としてはその分戦力減となった。その結果、秀元への分知をめぐり家中は混乱する。

当時の毛利家は権力基盤の脆弱さという問題に加えて、秀元へのこの分知をめぐり、家中は動揺していた。そんな状態で関ヶ原の戦いへと突き進んでいくのである（光成準治『関ヶ原前夜』角川ソフィア文庫）。

第2章

毛利輝元の野心と失脚した石田三成
――「家康一強」体制へ

1　秀吉の死と朝鮮出兵の失敗

秀吉の逆鱗と朝鮮再出兵

文禄四年（一五九五）七月から八月にかけ秀次一族とその重臣たちが粛清されたことで、豊臣政権の基盤は大きく揺らいだ。秀吉は家康や輝元たち有力大名を五（六）大老として取り込むことで政権の立て直しをはかるが、継続中の朝鮮出兵はどうなっていたのか。

明と朝鮮の反撃に遭い、また補給線も断たれたことで、渡海部隊の間では厭戦気分が広がっていたことは先に述べた。現地では講和を模索する動きが既に起きており、やがて休戦状態に入る。その後、講和交渉が進められるなか渡海部隊は撤兵したが、秀次の粛清はちょうどその頃のことであった。

翌五年（一五九六）九月一日、秀吉は明からの使者を大坂城に迎えた。かねて、明王朝の皇女を後陽成天皇の妃として差し出すこと、明を宗主国とする朝鮮の南部を日本に割譲することなどを求めていたが、明側には秀吉の要求を認める意思はまったくなかった。逆に、秀吉を日本国王に封ずる使者を送ってきた。明の皇帝が主君で秀吉が家臣という対応だが、当然ながら秀吉は激怒する。

慶長二年（一五九七）二月、秀吉は大軍を再び渡海させた。二回目の「唐入り」、慶長の役のはじまりである。前回の文禄の役と同じく、小西行長や加藤清正たち西国の諸大名が渡海を命じられ、総勢十四万人余という陣容だった。

総大将は筑前国名島城主の小早川秀秋で、副将は毛利秀元。文禄の役では先鋒の行長と清正の関係が険悪で作戦に支障が出たことを踏まえ、渡海部隊の足並みが乱れないよう大将と副将を置いたのだろうが、奇しくも関ヶ原の戦いでキャスティングボートを握る二人であった。今回は、秀吉が前線基地の名護屋城まで出向くことはなかった。

上陸後、渡海部隊は首都・漢城近くまで攻め寄せたものの、明・朝鮮軍の反攻により苦戦に陥る。冬も近づいてきたため、半島沿岸の蔚山《うるさん》、梁山《やんさん》、順天などに城を築き、越冬の構えを取った。併せて、朝鮮南部の確保を目指した。

日本軍が守りに入ったことで、明・朝鮮軍は攻勢に転じる。同年十一月二十二日に、明・朝鮮の大軍が清正や浅野幸長《よしなが》の籠もる蔚山城に押し寄せた。折しも築城の最中であったため防禦体制は整っておらず、たちまち落城の危機に瀕する。Iよって、渡海部隊の本営が置かれた釜山から、豊前国の中津城主・黒田長政や阿波国の徳島城主・蜂須賀家政たちが救援に向かった。背後から攻撃を受けた明・朝鮮軍は総崩れとなって退却し、籠城戦を強いられた清正たちは九死に一生を得る。翌三年(一五九八)正月のことである。

豊臣家譜代衆の分裂

何とか明・朝鮮軍を撃退したものの、戦況不利な状況は変わらなかった。既に清正たち前線の諸将は、戦線の縮小を秀吉に提議しようと考えていた。現下の情勢では明・朝鮮軍の攻撃をしのげないと判断したわけだが、秀吉は戦線を縮小するつもりなどなかった。

秀吉は渡海部隊の動向を監察するため、軍目付の福原長尭《ながたか》たちを渡海させていたが、清正たちの一連の動きが福原たちを介して伝えられると、激怒する。とりわけ長政と家政については、蔚山城救援の際、総崩れとなった明・朝鮮軍への追撃戦をほとんど行わなかったことが問題視された。それだけ前線で苦戦する諸将は戦線を縮小したかったのである。

この件も軍目付から報告を受けていた秀吉は、二人を厳罰に処すことを決める。戦果を拡大する絶好の機会だったにもかかわらず、戦闘を回避したとして、長政と家政に蟄居を命じ、所領も一部没収した。秀吉の意向に反して、戦線の縮小を検討していた清正たちも譴責《けんせき》処分とした。

清正、長政、家政の怒りが軍目付の福原たちに向けられるのは避けられなかったが、その先に見据えていたのが五奉行の一人・石田三成だった。福原は三成の妹婿でもあった。

文禄の役の時にも、清正は秀吉から処罰されていた。朝鮮奉行として諸将の監督にあたった三成たちから糾弾されたことが原因である。

不利な戦況を隠して虚偽の報告を行ったことなどが糾弾されたのだが、秀吉の怒りを買って前線から召喚された清正は伏見での蟄居を命じられる。讒言《ざんげん》を受けたとして清正は三成たちを憎悪したが、慶長の役でも三成の妹婿たちの報告により、秀吉から再び処罰された。三成たちへの憎悪が増すのは避けられなかった。

豊臣家に限ることではないが、同じ譜代衆でも合戦で武勲を挙げて立身した武功派と、事務能力で出世した吏僚派の関係は良好なものではなかった。豊臣家の場合は前者の代表格が清正で、後者の代表格が五奉行の三成だが、朝鮮奉行や軍目付といった吏僚派の報告により武功派が処罰されたことは、両者の確執を深刻なものにしていく。

豊臣家を支える譜代衆の間には、秀次とその重臣が粛清されたことで大きな亀裂が走ったが、朝鮮出兵はその亀裂を拡大させる結果を招く。豊臣家分裂に拍車がかかるのであった。

家康・利家連立政権誕生へ

秀吉の強気な姿勢にも拘らず、苦戦を強いられた渡海部隊の間には厭戦気分が再び広がっていたが、慶長三年（一五九八）五月に入ると、九州の諸大名はそのまま朝鮮に在陣し、四国や中国の諸大名はひとまず帰国して休息するよう命じられる。九月に改めて渡海させ、その時九州の諸大名には帰国を命じる予定だったようだ。蔚山などの諸城を交代で守らせようとしたのである。

当時、秀吉は京都南郊に築城した伏見城にいたが、五月下旬頃には重い病に罹り、寝たり起きたりの生活に入る。六月の中頃からは病がいっそう重くなった。食事も受け付けず、否応なく死期を悟らざるを得なかった。

秀吉にとって気がかりなのは、六歳になったばかりの我が子・秀頼のことだけだった。よって、五大老と五奉行に向けて十一ヶ条の覚書を示し、秀頼への忠誠を誓わせる。

この覚書がいつ作成されたのかは不明だが、秀吉の遺言のひとつとして知られている。秀吉亡き後の豊臣政権の青写真が示されていたが、概要は次のとおりである（『浅野家文書』）。

第一・第二条目は家康と利家に宛てたもので、二人に秀頼の後見を依頼している。五大老のなかで別格の存在であったことが改めて確認できる。秀頼政権でも、二人は副総理格としての処遇が約束された。

第三・第四条目は、家康の嫡男・秀忠と利家の嫡男・利長に宛てたものだが、家康と利家が老齢であることから、二人にも秀頼をもり立てることを求めた。家康や利家が死去した場合は秀忠と利長の大老就任が想定されており、徳川家と前田家が副総理格であることに変わりはなかった。

第五条目は宇喜多秀家、第六条目は輝元と上杉景勝に秀頼のもり立てを依頼する内容だが、輝元の処遇が秀家より下になっていることは注目される。輝元や景勝に期待していなかったわけではないが、利家を義父とする秀家への期待が上回っていたと言えよう。それは取りも直さず、家康への牽制役を担った利家に対する期待感の表れだが、輝元としては不満だったはずだ。第七条目では、秀頼のもり立てを五奉行にも命じている。

同じく五奉行宛ての第八条目では、豊臣家直轄領の会計事務は家康と利家のチェックを受けるよう命じた。第九条目でも家康・利家の意向を受けて何事も行うよう命じており、秀吉亡き後は幼主・秀頼を奉じた家康と利家の連立政権であることが明示された。同じ五大老でも、秀家、輝元、景勝との間には明確に線が引かれたのである。

そして第十条目で家康は伏見で政務を執り、第十一条目で利家は大坂で秀頼を補佐するよう命じたが、家康には伏見にとどまるよう命じたことは注目される。

秀吉の死後、豊臣政権の本拠地は大坂城に移されることになっていた。すなわち家康と利家の連立政権とはいうものの、伏見から動けないのでは、その政治力にはおのずから限界があった。家康を伏見に置いたことには、その政治力を削ぎたい秀吉の深謀遠慮が秘められていた。

さらに大坂城に比べれば、伏見城の防禦力ははるかに弱かった。関ヶ原の戦いの前哨戦で家康の家臣・鳥居元忠は千五百余の寡兵で善戦したものの、十日ほどで落城している。そうした防禦力の弱さも、秀吉の頭にはあったかもしれない。

秀吉の死と朝鮮撤兵

八月に入ると、秀吉の病状はさらに重くなる。秀吉も最期の時を覚悟し、八月五日に、次の五箇条から成る遺言を五大老・五奉行に示した。

①五大老は秀吉の遺言を遵守すること。互いに姻戚関係を取り結ぶこと。
②家康は今後三年間在京すること。所用ある時は秀忠を江戸に下向させること。
③家康は伏見の留守居を勤めること。五奉行のうち前田玄以と長束正家、残る三奉行のうち一人も伏見城の留守居を勤めること。
④五奉行のうち残り二人は大坂城の留守居を勤めること。

⑤秀頼の大坂入城後、諸大名の妻子は大坂に移ること。
（『早稲田大学図書館所蔵文書』）

第一条目は、豊臣政権を支える五大老が互いに姻戚関係になることで絆を強め、政権基盤の強化を目指した条文である。ちなみに、秀吉と家康は姻戚関係にあった。秀忠の正室は秀頼の母・茶々の末妹にあたるお江《ごう》だが、秀吉は死を目前にして、秀忠・お江夫妻の長女・千姫と秀頼を婚約させた。豊臣家と徳川家が姻戚関係となることで、家康の行動をコントロールしたい意図が読み取れる。

第二条目には、家康を伏見にとどめることで「野に放たれた虎」にしない目論見があった。しかし、家康は景勝討伐を名目として、三年経過しないうちに大兵を率いて江戸に戻ったことは次章で述べるとおりである。このことが関ヶ原の戦い、要するに豊臣政権瓦解のきっかけとなり、秀吉の狙いは水泡に帰してしまう。

秀吉死後の豊臣政権は家康と利家の連立政権とはいえ、家康が伏見、利家が大坂という二元政治の形態をとる予定であり、第三・第四条目で明記されたように、実務を担う五奉行も伏見と大坂に分けられた。第三条目では伏見の家康に五奉行のうち三名を張り付けると規定したが、その監視役も兼ねたのは言うまでもない。

第五条目では、秀頼の大坂入城後は諸大名の妻子も大坂に移ることを命じたが、これは豊臣政権に反旗を翻さないための体のよい人質である。徳川幕府が諸大名に正室と嫡子の江戸居住を義務付けたことと、事情はまったく同じだった。

秀吉としては、五大老・五奉行体制を基軸とした家康・利家の連立政権が秀頼をもり立てることを願った。併せて、動向を危険視した最大実力者の家康を伏見にとどめることで、「野に放たれた虎」とならないよう目論む。

八月十八日、秀吉は伏見城で六十二歳の波乱の生涯を終えた。

秀吉の死後、豊臣政権が直面する喫緊の課題は渡海部隊の撤兵だった。秀吉から後事を託された五大老・五奉行は撤兵を指示したが、それは困難を極める。多大な損害を出しながらも明軍や朝鮮軍の追撃をかわし、撤兵を完了させたのは十一月末のことであった。

文禄元年（一五九二）以来、都合七年間にわたる「唐入り」はまったくの失敗に終わった。秀吉の威信を著しく失墜させただけでなく、出兵に要した多額の戦費は諸大名を大いに疲弊させた。恩賞もなかったため、豊臣政権への不満が募っていく。

そうしたなか、豊臣政権最大の実力者である家康は多数派工作に乗り出す。「家康一強」の体制を構築しようと目論むのである。

2 家康包囲網と豊臣家譜代衆

家康への警戒心を強める三成たち

秀吉の死を受けて、幼主・秀頼をトップとする家康・利家の連立政権が本格始動するが、政局はにわかに動きはじめる。政局の主役は家康だったが、その動きを警戒する三成たち奉行が味方に引き入れようとはかった大老がいた。利家のポジションが引き上げられたことで、序列が引き下げられた毛利輝元である。

かつて、家康と輝元は東国と西国の統治を秀吉からそれぞれ任せられたはずであった。ところが、秀吉の信任が厚かった毛利一門の小早川隆景が死去すると、輝元の処遇は引き下げられてしまう。内心面白くなかったはずだ。

輝元にも西国の太守としてのプライドがあった。豊臣政権を動かす三成たちはそこに目を付ける。

秀吉の死から十日後の八月二十八日に、輝元は浅野長政を除く四奉行宛ての起請文を密かに作成する。五奉行から長政が除外されたのは家康に近いとみなされたためだが、その起請文の内容は次のとおりである。

秀吉の死後、自分は秀頼に無二の奉公をする覚悟である。万一何らかの動乱が起き、五大老のなかで四奉行に対して心得違いをする者が現れた場合は、四奉行と相談して秀頼に奉公することを誓う。

（『毛利家文書』）

四奉行と対立する大老として想定されていたのが家康だったのは想像するにたやすい。三成たちは輝元と密約を結ぶことで、家康包囲網の構築を目指した。輝元がそんな起請文の作成に応じたのは、政権内のポジションを上昇させるには三成たちとの連携が不可欠と考えたからだろう。

それから数日後の九月三日には、五奉行が五大老との間に起請文を取り交わしている（中村孝也『新訂　徳川家康文書の研究〈新装版〉』中巻、吉川弘文館）。秀頼への奉公とともに、五大老と五奉行が何事であれ他の大名と起請文を取り交わさないことが誓約されたが、家康の動きを牽制したい三成たちの思惑が同じく秘められていた。他の大名と起請文を取り交わすとは、要するに盟約を結ぶことである。大老や奉行が他の大名と同盟を結び、秀頼の地位を脅かす存在として台頭するのを防ぐため、当事者である大老と奉行が相互に監視し合うことを目的とした誓約だった。

前述のとおり、秀吉亡き後、豊臣政権が直面する喫緊の課題は渡海部隊を速やかに撤兵させることであり、三成たちは撤収事務を執るため九州に向かう予定となっていた。となれば、長期にわたって大坂を不在にせざるを得ないが、その間、五大老、わけても家康がどんな政治的行動に出てくるかわからなかった。

よって、三成たちは前記の起請文を取り交わすことで家康の行動を掣肘《せいちゅう》しようとはかったが、その懸念は現実のものとなる。さすがに他大名と起請文を取り交わすことはなかったようだが、家康は三成が大坂を留守にした間隙を突く形で、豊臣恩顧の譜代衆にそれ以上の楔《くさび》を打ち込むのである。

秀吉の遺命を破りはじめた家康

秀次事件後に定められた文禄四年（一五九五）八月三日付「御掟」の第一条目で、諸大名どうしの婚姻には秀吉の許可が要件とされた。秀吉の死後は秀頼が幼少であるため、補佐する立場の五大老・五奉行の総意を得ることになっていた。

ところが、家康は独断で話をまとめてしまう。尾張国の清洲城主・福島正則、阿波国の徳島城主・蜂須賀家政、陸奥国の仙台城主・伊達政宗との縁組みを、他の大老や五奉行に諮ることなく取り結ぶ。

まず福島家だが、異父弟・松平康元の娘・満天姫を自分の養女として、正則の養子・正之と婚約させている。蜂須賀家については、家臣・小笠原秀政の娘・万姫を同じく養女として家政の嫡男・至鎮《よししげ》と婚約させた。伊達家の場合は、自分の六男・忠輝の正室に政宗の娘・五郎八姫を迎える約束を交わした。

大名との縁組みとは、自分の味方に引き込むための政略結婚に他ならない。一朝事ある時は軍事同盟に転化する以上、家康を仮想敵とした三成たちにとっては衝撃的な出来事であった。

家康は縁組みを通じて三家を味方に引き入れることに成功するが、その分、三成たちには戦力減となった。北条家討伐の折に服属した伊達家はともかく、とりわけ秀吉の子飼い大名の代表格である福島家や蜂須賀家が引き抜かれたことに、奉行はもちろん豊臣家譜代衆は動揺を隠せなかった。

家康は縁組みという手法で豊臣家の譜代衆に楔を打ち込んだ。秀頼を奉じる豊臣家という総裁派閥の切り崩しにかかった。関ヶ原に向けての前哨戦がはじまったと言えよう。

家康の動きはそれだけにとどまらなかった。

伏見居住が義務付けられたことを逆手に取る形で、諸大名の伏見屋敷への訪問を繰り返している。翌年早々、秀頼は大坂城に移るが、この時はまだ伏見城におり、諸大名も伏見屋敷にいた。これに目を付ける。

十一月二十五日に奉行の一人・増田長盛、翌二十六日に土佐国の浦戸城主・長宗我《ちょうそか》部《べ》盛親、十二月六日に薩摩の島津義久、翌七日には丹後国の宮津城主・細川忠興の父・幽斎の屋敷を訪問している。家康の動きを危険視する三成たちから見れば、多数派工作と映ったに違いない。

三成たちの不在の間隙を突いた一連の攻勢に、九州から戻ってきた三成たち奉行、そして家康を除く大老たちは黙っていなかった。

最初の開戦危機

慶長四年（一五九九）一月十日、伏見城にいた秀頼は大坂城に移った。家康と利家は大坂まで御供したが、家康は大坂で宿泊した後、すぐ伏見に戻っている。傅役の利家はそのまま大坂城に入り、秀頼を補佐した。

利家や三成たちが家康に使者を送って縁組みの件を詰問したのは、それから間もない同月十九日のことである。秀頼が大坂城に入って家康と切り離せたことを契機に、詰問に及んだ形である。

大坂城の三成たちは戦備を整え、家康を屈服させようとはかった。家康もこれに対抗して伏見屋敷の守りを固めたことで、伏見と大坂の間が一触即発の状況に陥る。

ところが、利家や三成たちにとって想定外の出来事が二つ起きる。

一つは家康の伏見屋敷に清正、正則たち秀吉子飼いの武将たちが駆け付け、警備にあたったことである。清正、正則、黒田長政、細川忠興、浅野幸長、池田輝政、加藤嘉明など武功派の面々が家康側に付いた。

もう一つは、同二十九日に家康の重臣・榊原康政が大兵を率いて江戸から伏見に駆け付けたことであった。これにより家康の軍事力は増強され、大坂と伏見の軍事バランスが崩れる。

この二つの想定外の出来事により、家康を糾問した利家や三成たちの姿勢は軟化せざるを得なくなる。

二月五日、家康は四大老と五奉行に対し、「御掟」違反を認めて今後は遵守する旨を誓約したが、問題となった縁組みが破棄されることはなかった。利家・三成たちの政治的敗北に終わったことは否めない。

家康としては、名を捨てて実を取った形である。四大老と五奉行側としては、家康に詫びを入れさせることで、かろうじて体面を保った。

この一連の出来事は、豊臣政権を支える五大老・五奉行が一枚岩ではなく、家康・利家の連立政権も崩壊寸前だったことのみならず、家康の伏見屋敷に清正たちが駆け付けたため、豊臣家の譜代衆が分裂したことを白日の下にさらす結果となった。

現下の情勢を憂いた利家は、二月二十九日に伏見の家康のもとを訪れる。仲介したのは、前田家と姻戚関係にあった細川家である。当主・忠興の嫡男・忠隆の正室は利家の娘だった。

当時、利家は病身で、余命幾ばくもない状態であった。秀吉への最後のご奉公のつもりで、病を押して伏見まで出向いたのだ。

これを受け、今度は答礼という形で家康が大坂の利家のもとを訪れた。三月十一日のことだが、この機に乗じて三成たちが家康を襲撃するとの噂が立つ。

結局のところ、三成たちが家康を襲撃することはなかった。警護に駆け付けた清正たち武功派の諸将と、秀頼のいる大坂で合戦に発展してしまう事態を懸念したのだろう。仮に豊臣家の譜代衆どうしが血で血を洗う事態となれば、内輪もめにより一番得をするのは家康だった。

前田利家の死去

家康が大坂の利家のもとを訪れてから約一か月後の閏《うるう》三月三日に、利家はこの世を去る。小早川隆景に続き、これほど早く利家まで失うとは、泉下の秀吉にとっても想定外の事態だったに違いない。

以後、豊臣政権は家康単独政権の性格を強めていく。家康一強だ。その過程で他の大老・奉行が次々と失脚していく。

利家は死去する際に、次のような遺言を残したと伝えられる。

前田家の当主となる嫡男・利長に対しては、今後三年間は大坂にとどまり、国元の金沢には帰らないよう命じた。そして大坂には八千の兵を置き、金沢にも同じく八千の兵を置くこと。金沢には利長の代わりに弟・利政を差し下し、八千の兵の指揮を執らせることも命じた。

自分の死後に、上方で異変が起きて秀頼に謀反を起こす者が出てくれば、利政が八千の兵を率いて上洛し、利長と一体となって行動せよというのが遺言の趣旨だった。秀頼を天下人の座から引きずりおろす動きがあれば、前田家を挙げて武力をもって鎮圧することを利長に課したのである。三年間の大坂在住を義務付けたのは、中央政界で異変が起きないよう利長をして睨みを利かせるためだった。

秀吉は自分と同じく老齢だった利家亡き後のことも考えており、その時は利長が大老職を継ぐ予定であった。だが、利長は亡父の遺言に背く行動をとった結果、窮地に追い込まれる。

利長は永禄五年（一五六二）生まれで、同じ大老の輝元や景勝より一回り年下にあたった。大老の年齢構成をみると、家康が五十代後半。輝元や景勝は四十代後半。利長が三十代後半。秀家が二十代後半だった。

年齢で言えば、家康と利長では親子ほどの違いがあったうえに、戦国大名の経歴では遠く及ばない。到底、家康と張り合っていく自信はなかっただろう。

そうした意識が利長をして一歩引かせ、家康一強を許す結果となる。秀吉が期待したとはいえ、利家の代わりを務めることはさすがに荷が重かった。

家康と利長の連立政権は画餅に帰し、利家の死から三年はおろか半年も経たないうちに、利長は金沢に帰国してしまう。家康に対する牽制役をみずから降りたのである。

だが、家康に膝を屈したかのような利長の政治姿勢は前田家内部から強い反発を買う。そもそも、三年も経たないうちに帰国することは利家の遺言に背くものであった。よって、利家を支えた老臣の村井豊後守や奥村伊予守たちからは疑問の声が上がる。早々に利家の遺言に背くとは前田家の運もこれまでだと、自嘲気味に語った話まで伝わっている。

利家の死後、前田家は内部分裂の様相を呈する。そこに家康は付け込んでいくが、その前に豊臣家分裂の危機が現実味を帯びてきてしまうのである。

3　石田三成失脚をめぐる諸大名の動き

三成襲撃計画の背景と狙い

慶長四年閏三月三日、前田利家は大坂の屋敷で死去したが、翌四日に同じ大坂で大事件が起きる。加藤清正や福島正則たち秀吉子飼いの武功派七将が、奉行・石田三成への襲撃をはかったのである。

事前に危険を察知した三成は大坂を脱出し、伏見城内の自邸に籠もった。三成を討ち漏らした清正たちは家康のいる伏見に押し寄せ、城内に籠もる三成との間で一触即発の状況となる。

利家の死の翌日に襲撃しようとしていることから、それまで利家が清正たちの行動を抑え込んでいたことが窺える。豊臣家譜代衆どうしが合戦に及べば漁夫の利を得るのは家康だ。秀頼をトップとする豊臣政権は瓦解するとの危機感から、清正たちの企てを封じ込めたのだろう。

しかし、利家の死により制止する者がいなくなったことで、清正たちは三成襲撃に踏み切る。その怒りは爆発寸前だったことがわかる。

三成襲撃の計画が立てられた直接の原因は、二度にわたる朝鮮出兵にあった。

既に述べたとおり、文禄の役で清正は朝鮮奉行を務めた三成たちの糾弾を受け、秀吉から蟄居を命じられた。清正が三成たちに遺恨を持つ動機となったが、慶長の役では三成の妹婿である軍目付・福原長尭たちの報告により、黒田長政と蜂須賀家政が秀吉から蟄居を命じられ、所領も一部没収された。

蔚山城に籠もる清正や浅野幸長たちの救援に向かった長政と家政が、敗走する明・朝鮮軍への追撃戦をほとんど行わずに撤退したため、戦闘を回避したとみなされたのである。二人の行動の背景には戦線を縮小させたい清正たち諸将の思惑があったが、同じく秀吉の怒りを買って譴責処分を受ける。

よって、処罰された武将たちの憎悪が三成たちに向けられるのは避けられず、清正たちはその遺恨を晴らす機会を窺った。事務能力で立身した三成たち吏僚派と、戦場での武勲により立身した清正たち武功派はもともとそりが合わなかったが、朝鮮出兵の際に三成たちの報告により処罰されたことで、両者の確執は深まる。

そして利家の死を機に、武功派の清正たちは吏僚派の三成を討ち果たし、積年の遺恨を晴らそうと目論んだが、その標的は三成だけではなかった。同じく朝鮮奉行を務めた五奉行の一人・増田長盛も標的に含まれた。

当時、長盛や前田玄以たち奉行も伏見城内の自邸にいた。三成は長盛たちと連携して清正たちに対抗するため、大坂を脱出すると伏見城に入ったのである。

三成を支援する輝元

一触即発の状況に陥った伏見には三成たち奉行のほか、秀吉から伏見居住を義務付けられた家康がいたが、他の四大老のうち輝元と上杉景勝も伏見にいた。秀吉存命中、諸大名は伏見に居住したため、それぞれ伏見にも屋敷があった。

大老のなかで、三成や長盛たちが最も頼りにしたのは輝元である。前年の八月二十八日には起請文を交わして輝元を密かに味方に引き入れており、毛利家の軍事力は大きな支えだった。

当時、毛利家の伏見屋敷には出雲国の富田《とだ》城主・吉川広家指揮下の千五百の兵が駐屯していたという。広家は輝元の叔父・吉川元春の子で、輝元とは従兄弟の関係にあった。関ヶ原の戦いでは、毛利家の方針に重要な役回りを演じることになる。

家康が大老や奉行に諮らずに福島・蜂須賀・伊達家と縁組みしたことを三成や輝元たちが黙認した背景には、家康側の兵力増強により軍事力のバランスが崩れたことがあった。その反省から、輝元は有事に備えて千五百もの兵を伏見屋敷に駐屯させたのかもしれない。

そして、三成が七将による襲撃から逃れて伏見城に入ると、伏見屋敷の兵力のさらなる増強をはかる。国元にいた広家に出陣を命じたが、三成には毛利秀元の援軍三千が到着するという偽の情報まで伝え、支援する姿勢を示した。

三成たち奉行と手を結ぶことで政権内のポジションを上昇させようと目論む輝元にとって、三成排除の動きは看過できなかった。よって、伏見に兵力を集中させることで清正たちに対抗しようとしたが、事態は三成や輝元側に不利に進んでいく。

この頃、秀頼のいる大坂城は親家康派により牛耳られていた。大坂城の在番を務めていた片桐且元《かつもと》や小出秀政たちが家康側に付き、三成側の軍兵は城内に入ることができなかった（光成準治『関ヶ原前夜』）。

且元は清正や正則と同じく賤ヶ岳七本槍の一人で、豊臣家譜代衆では武功派の諸将に含まれるだろう。秀政は妻が秀吉の叔母という縁で取り立てられた武将だが、二人とも豊臣政権の中枢部を構成する三成たち奉行に反旗を翻したことが判明する。大坂城内にいた豊臣家譜代衆も一致して三成を支持したわけではなく、家康の切り崩しに遭っていた。清正たちとも連携していただろう。

豊臣家の錦の御旗とも言うべき秀頼を家康側に奪われた以上、三成の抵抗にも限界があった。秀頼を擁した官軍首脳のはずだったが、秀頼の命により討伐される賊軍の将に転落する恐れが出てきたからである。

失脚した三成

形勢が三成側に不利に展開していることを受け、輝元は方針を転換する。このままでは、三成とともに討伐される側に転落するかもしれないと危惧したのだろう。伏見にいた家康に調停を依頼することで、窮地を脱しようとはかった。

こうして、今回の騒動は家康の調停により事態の収拾がはかられる。三成や長盛は輝元と景勝に対応を一任した。奉行が騒動の当事者になっていた以上、大老の協議に任せられたが、協議を主導したのが家康だったのは言うまでもない。秀頼を握られていた以上、輝元や景勝も家康の考えに従わざるを得なかった。

七将が三成を襲撃しようとしたのは朝鮮出兵以来の鬱憤を晴らすためだが、家康の立場からすると、その行為は是認しがたかった。大老の名で布告された文禄四年八月三日付「御掟」の第三条目では、喧嘩口論が起きた場合は我慢した方に理があると規定され、大名どうしの私闘は禁止されていた。もめごとがあれば豊臣政権が裁定を下す原則だった。

そのため、三成を奉行職から外し、居城の佐和山に蟄居させる線で事態の鎮静化をはかる。三成の政治生命を奪うことで清正たちに矛を収めさせ、事態の収拾をはかったが、清正たちは不満の色を隠せなかった。排斥しようとしたのは三成だけではなかったからである。

そもそも、清正たちの処分は三成の意思だけで決まったのではない。秀吉の意を受けて、豊臣政権首脳部の五奉行の責任において下されたものであり、清正たちは長盛の処分も求めていた。だが、家康は長盛の責任は不問に付して奉行職にとどめ、三成一人の処分で押し切る。

処分が正式に決まったのは、閏三月九日のことである。翌十日、奉行職を解かれた三成は伏見城を出て佐和山へ向かった。反家康の急先鋒だった三成まで失った豊臣政権は、家康一強の色合いをさらに濃くする。

今回の騒動の原因となった長政や家政たちへの処分についても、見直されることになった。その結果、同十九日に所領の一部没収という処分は取り消された。

家康は長政と家政の名誉を回復させながら血気に逸る清正たちを宥め、事態を収拾したのである。

「天下殿」の家康に屈服した輝元

豊臣家譜代衆どうしの軍事衝突を未然に防いだ家康の声望はいやが上にも高まるが、それを追い風にする形で、家康は伏見城下の屋敷から伏見城に入る。三成失脚から四日後にあたる閏三月十三日のことであった。

伏見城下の動揺を抑える意図もあっただろうが、前年まで秀吉が居城としていた伏見城への入城は、天下人としての印象を強める。当時の日記にも、伏見入城をもって家康を「天下殿」と称した事例がみられる。

家康は清正たちの動きを利用し、自分を敵視する三成を失脚に追い込んだ。一方、三成と密かに手を結んでいた輝元の政治力の低下は避けられなかった。

同二十一日、今後は何事においても別心つまり二心を抱くことなく接する旨の起請文を、家康と輝元は取り交わす。だが、そんな内容の起請文を交わしたこと自体、二人の間が良好ではなかったことをまさに示していた（『毛利家文書』）。

家康が書いた起請文では輝元との関係を兄弟と称したが、輝元が書いた起請文では家康との関係を父兄と称した。家康はかなり年下にあたる輝元を弟に喩えたのに対し、輝元は家康を父に喩えており、へりくだった表現となっている。要するに、家康に膝を屈した表現だった。

輝元が三成を支援したことを家康は知っていたはずであり、この事件を利用して輝元の政治力も奪おうとしたのだろう。利家亡き後、輝元の政治的地位が浮上することを予期し、先手を打ったとも言える。反家康の三成を政界から隠退させただけでなく、これに同調する輝元を屈服させることに成功したのであり、家康には一挙両得となる事件であった。

三成失脚により豊臣政権は五大老・四奉行となったが、そのなかで存在感を増したのが長盛である。清正たちは長盛の排斥も目指したが、家康がこれを拒否したことで、長盛は奉行職にとどまることができた。言い換えると、家康に恩を売られた。

これからみていくとおり、長盛は前田利長たちによる家康暗殺計画の噂を伝えたり、三成の挙兵を家康に急報したりしている。家康と手を結ぶことで、利家や三成を失って弱体化した豊臣政権の立て直しをはかったのかもしれない。家康からすると、長盛を味方に引き込むことで反家康派となりかねない奉行たちの分断をはかれるメリットがあった。

清正たち七将による三成襲撃事件を調停する過程で、家康は五奉行のなかで自分を危険視する三成を失脚に追い込んだ。一方、清正から罷免を求められた長盛は奉行職にとどめることで、豊臣政権への影響力を強めようとしたのである。

4　前田家の屈服と宇喜多家の弱体化

前田利長の帰国と家中の混乱

豊臣政権を構成する大老のうち、輝元を屈服させた家康は利長と景勝には帰国を勧めていた。

どの大名も自領のことは気がかりであった。特に景勝は前年に越後から会津に移封されたばかりだった。取り組むべき課題が山積していたにも拘らず、秀吉の死により帰国できない状態が続いていた。国政よりも領国経営に専念したかったところだろうが、家康はそこに目を付ける。

帰国すると、その間は事実上大老職からは外れることになるため、利長と景勝が帰国すれば、大老は家康、輝元、秀家の三人となる。輝元は既に家康に屈服し、秀家にしても戦国大名としての経歴でみれば、家康とは比較にならなかった。二人が帰国すれば、家康の独裁体制はさらに進むことになるだろう。

八月十日、景勝は家康の勧めに従い、会津への帰国の途に就く。同二十八日には利長も金沢に向かったが、これは家康を仮想敵とする亡父・利家の遺言に背くものだった。利長は副総理格の大老として大坂に三年はとどまり、家康への牽制役そして秀頼の傅役を引き継ぐことになっていたからだ。

しかし、利長にとって利家の代わりを務めることは荷が重かった。結局のところ、半年も経たないうちに帰国し、その役割を放棄してしまう。

利家を支えた老臣たちはそんな弱腰な姿勢に反発を隠せなかったが、利家の死後、前田家と家康の関係がぎくしゃくしていたことも反発を助長させる要因だった。家康との関係がぎくしゃくするほど、それに対抗できない利長への反発が高まるという悪循環に陥ったのである。

双方の関係が円滑ではなかったことについては、次のような事例が指摘されている。

利家の死の翌日にあたる閏三月四日に、武功派七将による三成襲撃未遂事件が起きたが、はからずも同じ日に、前田家では家臣の徳山則秀が出奔して家康のもとへ走った。実は則秀は家康に内通し、それまで前田家の内情を漏らしていたという。

同十日には、重臣の片山延高が利長により上意討ちに処せられた。家康暗殺の密命を受けたにも拘らず、利家を諫めて断念させたことが外部に漏れるのを恐れたためだったという。

五月二十九日には、利長の家督相続の宴が大坂の前田家屋敷で催された。家康は招かれたものの、病気を理由に徳川四天王の一人・本多忠勝を代理で出席させている。家康が暗殺の危険を感じたからだという（桐野作人『謎解き　関ヶ原合戦』アスキー新書）。

帰国することで家康との対決を避けた利長に対し、家康の独裁化に反感を抱く諸大名は大いに落胆するが、その決断は利長自身を窮地に追い込むものでもあった。

家康暗殺計画の真偽

利長が帰国の途に就いてから十日も経たないうちに、大坂で家康の暗殺計画が発覚する。当時、九月の年中行事といえば九日に執り行われる重陽の節句であった。江戸時代には五節句のひとつとされ、江戸に在府中の諸大名は総登城し、将軍に祝儀の挨拶を申し述べることになっていた。

九月七日、家康は秀頼に祝意を表するため伏見から大坂に赴いた。大坂での宿所に充てたのは、自分が佐和山に蟄居させた三成の屋敷だった。

ところが、重陽の節句直前に奉行の増田長盛と長束正家が家康の宿所に赴き、家康暗殺計画の噂が城内で広がっていることを伝える。決行の日は家康が大坂城に登城する重陽の節句当日。首謀者は先ごろ金沢に帰国した利長で、姻戚関係にある奉行・浅野長政や秀頼側近の大野治長、土方雄久《ひじかたかつひさ》らと謀って、秀頼に祝意を述べるため登城してくる家康を暗殺する計画であるという。

長政の嫡男・幸長は利家の娘、つまり利長の妹と婚約していた。治長は秀頼の母・茶々の乳母・大蔵卿局《おおくらきょうのつぼね》の子で、雄久は利長と従兄弟の関係にあったとされる。

この暗殺計画については、利長を失脚させるため家康が仕組んだ謀略という説が今なお根強いが、その真偽はいまもってわからない。はっきりしているのは、家康が伏見から軍兵を呼び寄せて警護を厳重にしたこと。重陽の節句当日も、供回りの人数を増やすことで、秀頼への拝謁を無事に済ませたことである。

そして、家康は暗殺計画の噂を最大限に利用する。秀吉から伏見居住を義務付けられたにも拘らず、伏見から呼び寄せた軍勢とともにそのまま大坂に居座り、同月二十七日には大坂城の西丸に入った。

大坂城の本丸御殿には秀頼と生母の茶々が住み、西丸御殿には秀吉の正室・北政《きたのまん》所《どころ》が住んでいたが、その前日の同二十六日に、北政所は西丸御殿を出て京都に移る。つまり、空いた御殿に家康が代わって入った格好だった。

秀吉の遺命に背く形で伏見から大坂城に移ったが、秀頼の傅役を任せられていた利家そして利長もいない以上、自分が本丸の秀頼を直接補佐しなければならない。そうした理由を申し立て、北政所には西丸から退去してもらったのだろう。

西丸に入った家康は、天守を築くことを命じる。秀頼のいる本丸にも秀吉が造った天守があったが、あたかも対抗するような形で造営することで、事実上の天下人は自分であることを誇示したのである。

前田家屈服

大坂城西丸に入った家康は、時を移さず、暗殺計画を企てたとされる関係者の処分に着手した。

浅野長政については奉行職を解き、領国の甲斐国での蟄居を命じた。実際は家康の領国である武蔵府中に移って謹慎している。長政の解任により、豊臣政権の実務を担う奉行は三名となった。治長は同じく家康の領国である下総国、雄久は常陸国に流罪とした。いずれも、家康の監視下に置かれた形だった。

そして、首謀者とされた利長には謀反の嫌疑をかける。秀頼を補佐する家康を討つとは、要するに秀頼への謀反に他ならないとの論法が採られたのである。

帰国後、利長は居城・金沢城の修繕を行う一方、武器を集めていたが、その一連の行為が家康に付け込まれる。戦備を整えていると嫌疑をかけられ、豊臣政権への謀反と認定された。

十月三日、家康は移ったばかりの大坂城西丸に諸将を集め、前田家討伐を布告した。家康みずから出陣すると宣言し、先鋒は加賀国の小松城主・丹羽長重に命じた。秀吉や利家と織田家では同僚だった丹羽長秀の子である。

家康暗殺など、まったく身に覚えがなかった利長は驚愕する。老臣の横山長知《ながちか》を急ぎ大坂に送り、弁明に努めた。

その一方、利長は重臣たちと協議し、城の周囲に惣構堀《そうがまえぼり》を掘削する。防備も固め、和戦両様の構えをとった。

大坂城で家康と対面した長知による弁明の結果、利長への疑いは一応晴れるが、これだけでは済まなかった。家康は前田家に、ある条件を付ける。豊臣家に叛意《はんい》などない証として、利家の妻、つまり利長の母である芳春院を差し出すことを求めた。人質であった。

前田家にとってみれば、一難去ってまた一難だった。当惑した利長は家康と交渉するものの、結局は母を人質として差し出すことを余儀なくされる。

家康は謀反の意思がない証として前田家が差し出してきた人質を、所領の江戸に送ってしまう。秀頼は幼主である以上、補佐役として西丸にいる家康の意思が豊臣政権の意思とされており、誰も異を唱えることはできなかった。芳春院が江戸に送られたのは、翌慶長五年（一六〇〇）五月のことであった。

ここに、前田家は家康に完全に屈した。ちょうど、上杉景勝の討伐、そして三成挙兵の直前の時期にあたっていた。自動的に、利長は関ヶ原の戦いで家康に味方せざるを得なくなる。

家康暗殺計画の噂にはじまる半年以上にも及んだ家康と利長の外交戦は、母・芳春院が江戸に人質として送られたことで家康の完全勝利に終わるが、その追及は前田家と姻戚関係にある他家にも及んだ。家康は前田家グループとも言うべき大名たちに対して、根こそぎダメージを与えようとしたのである。

浅野長政は奉行職を解かれて家康の領国で謹慎したが、嫡男・忠隆に利家の娘が嫁いでいた細川忠興も家康の追及対象となる。利長と忠興が家康暗殺を謀議した嫌疑がかかったのだ。忠興の父・細川幽斎が異心なきことを誓って難を逃れたものの、その代償は大きかった。

忠興は三男の忠利を人質として差し出すことになったが、家康は前田家の場合と同じく、人質の忠利を江戸に送る。これにより、関ヶ原における忠興の帰趨も決まった。

大老・宇喜多秀家にしても、前田家と姻戚関係にあった事情は同じである。秀家は利家の娘婿であるから、利長とは義兄弟の関係にあった。さすがに宇喜多家は追及の対象とはならなかったが、折しも勃発した御家騒動に介入することで、その弱体化を巧みにはかっている。

宇喜多家の御家騒動に介入する

宇喜多家は毛利家と同じく、元をただせば国人領主だったが、秀家の父・直家の時に、備前の国人領主たちの盟主から備前一国を支配する戦国大名へと成長する。そして、秀吉の天下取りを支えることで家運を上昇させた。

宇喜多家に対する秀吉の期待は非常に大きかった。若年にも拘らず、秀家を五大老の一人に抜擢したのはその象徴だ。そこには秀頼を支える柱石としたい目論見が秘められていた。

豊臣政権では高く評価された秀家だが、家臣団の統制には苦しむ。国人領主たちを服属させて家臣団に組み込んだとはいえ、かつては同格だった彼らの独立性が非常に強かったからである。領主権力は脆弱だった。

秀家は長ずるに及び、独立性の強い家臣を領国支配から退ける一方で、事務能力に長けた新参の家臣を重用する。併せて家臣団の統制つまりは領主権力の強化を目指すが、排除された側の反発は必至だった。その反発は、秀家の信頼を後ろ盾に権勢をふるう新参の家臣たちに向けられた。

双方の対立は徐々に深まり、家臣団分裂の騒ぎにまで発展する。いわゆる宇喜多騒動のはじまりだが、秀家に重用された中村次郎兵衛が襲撃を受けたことが直接のきっかけである。

次郎兵衛はもともと宇喜多家の家臣ではなく、前田利家の家臣だった。利家の娘・豪姫が秀吉の養女として秀家に嫁いだ際に付人《つけびと》として宇喜多家に入り、家臣団に加えられた。新参の家臣にも拘らず、その才を秀家に見込まれて重用されたことが仇《あだ》となる。

襲撃事件が起きたのは、慶長五年一月五日夜のことである。場所は大坂で、襲撃側は戸川達安《みちやす》、岡越前守、花房秀成・幸次父子たち宇喜多家の重臣。ついに、御家騒動が表面化してしまう。

秀家からすれば、信頼して家政を任せた家臣への襲撃とは自分への叛逆行為に等しかった。達安たちを厳罰に処すべきところだが、領主権力の脆弱さがネックとなる。秀家は家中の争いを自力で解決することができなかった。

そのため、豊臣政権に裁定を仰ぐことで事態の収拾をはからざるを得なくなる。既に家康の独裁政権となっていた以上、裁定にはその意思が大きく働いた。

豊臣政権つまり家康の裁定が下されたのは、同年五月中旬のことである。首謀者の達安は家康の領国である武蔵国岩槻への流罪。岡越前守は国元の備前に帰国。花房は大和郡山に蟄居などの処分が下されたが、総じて軽い処分にとどまった。

家康としては達安たちに恩を売った形だが、叛逆された側の主君・秀家の面目は丸つぶれとなる。

達安に至っては流罪とは名ばかりで、家康により身の安全がはかられた恰好だった。関ヶ原の戦いでは当然のように家康率いる東軍に属し、後述するように宇喜多家に残った重臣を調略して東軍への寝返りを策した。

家康の裁定により、秀家は自分に刃向かった家臣に厳罰を科すことができなくなった。宇喜多家当主としての権威は著しく失われたが、この騒動から受けたダメージはそれだけではない。今回の御家騒動を契機に、秀家に反発する多くの家臣が宇喜多家を去り、家臣団の分裂が現実のものとなる。

宇喜多家の御家騒動に介入することでその弱体化をはかった家康の狙いは、見事にあたった。宇喜多家の戦力は大幅にダウンする。関ヶ原の戦いではその戦力を充分に発揮できないまま、敗走するのであった。

第3章

大坂城を占領した輝元と失脚した家康
——賊将への転落

1 大老・上杉景勝討伐に向かう家康

会津の太守・上杉景勝に期待された役割

秀吉の死からわずか一年で、家康は大老・前田利長、奉行・石田三成、同・浅野長政を失脚させた。秀吉が定めた五大老・五奉行制は崩壊して四大老・三奉行制となるが、同年に大老・上杉景勝が帰国したため、実際は三大老・三奉行制であった。

三大老といっても、毛利輝元は家康に屈服した。宇喜多秀家は御家騒動を自力で解決できずに家康の介入を許し、家臣団の分裂を招いた。三奉行も増田長盛を筆頭に、家康の意向に従うスタンスをとった。

政権内に家康の対抗勢力になりうる者はおらず、家康一強の体制は確固たるものとなったはずだったが、慶長五年（一六〇〇）に入ると、一転、絶体絶命の状況に追い込まれる。家康が政権の本拠地・大坂を不在にする間に三成が挙兵し、輝元や秀家たち大老と、長盛たち三奉行が呼応したからである。

三成は家康一強の体制を崩壊させるため挙兵したのだが、それには家康以外の大老や奉行を味方に引き入れ、豊臣家の錦の御旗である秀頼を奉じることが何よりも不可欠であった。三成は家康が大坂を不在にした絶好の機会を捉え、これに成功する。

そして、奉行が署名した家康弾劾の書状を諸大名に発し、家康討伐の狼煙《のろし》を上げた。豊臣政権の名のもと、家康は討伐される対象となる。

家康は官軍の将から賊軍の将に転落した。きっかけは家康自身がつくったもの。自分に屈服しない上杉景勝を征伐しようと企てたことが、すべてのはじまりであった。

上杉謙信の甥にあたる景勝は、毛利家や宇喜多家と同じく、秀吉の天下取りに協力することで領国の保全に努めた有力大名である。五大老の一人に起用されて豊臣政権入りした点でも同じだった。

慶長三年（一五九八）正月、景勝は越後から会津への国替えを命じられた。これにより、九十万石余から百二十万石の大名へと飛躍し、石高では毛利家と並ぶ。

会津の領主には奥羽の諸大名を統括するとともに、関東の太守・家康を牽制する役割が期待されていた。だが、当時会津の領主だった蒲生《がもう》秀行では無理だと秀吉に判断され、景勝がその役割を担うことになる。

景勝は会津に入封したものの、同年八月に秀吉が死去したため、急遽上方に向かわなければならなくなる。その後は、大老としての職責を果たすため帰国できない状態が続いていたが、家康の勧めを受け、ようやく慶長四年（一五九九）八月に帰国する。大老職を続けるよりも、領国経営に専念したいというのが景勝の本音だったはずである。

領国の整備と家中の内紛

翌五年二月、景勝は居城・若松城近くの神指《こうざし》に新たに城を築くよう、家老・直江兼《かね》続《つぐ》に命じた。家康を激怒させ上杉討伐を決断させたと伝えられる「直江状」を認《したた》めたその人である。兼続は実弟の大国実頼を作事奉行に任命し、三月より工事を開始させた。

この工事は神指村など十三か村を強制移転させて新たな城下町を造るという大掛かりなもので、新城の規模も若松城の約二倍とされている。動員された人員は十二万人にも及んだという。

会津百二十万石の大名にふさわしい城を築くことで領国支配を強化したい意図が景

勝にはあり、並行して、領内の街道や橋の普請も行った。これにしても領国整備の一環である。

武具や牢人も集めたが、会津への国替えに伴って三十万石も加増された以上、景勝としては牢人を召し抱えて家臣を増やさなければならない。武具の数も同様の理由のもと増やしたが、いずれも軍事力強化に直結する対応だった。

よって、上杉家と国境を接する家康は警戒心を強める。秀吉が会津の領主に期待した役割など、家康には先刻お見通しであったに違いない。

同じく大老の利長は帰国して金沢城の修繕を行い、さらに武器を集めたことが家康から問題視された。豊臣政権に謀反を企てているとして討伐の対象に仕立てあげられたが、折しも、景勝が築城工事や領内の整備を開始した頃、上杉家内部から告発者が出る。重臣の藤田信吉が家康に訴え出てきたのだ。

信吉は上杉家譜代の家臣ではない。北条家、武田家を渡り歩いた歴戦の強者《つわもの》で、家中では新参者だったが、その能力が景勝に認められ、一万石を領する重臣に取り立てられる。

慶長五年正月、信吉は上杉家からの使者として大坂城にいた家康に年賀の挨拶を述べた。その際に刀や銀などを拝領して家康への奉公を誓ったことが家中で問題視される。要するに、上杉家のもとを離れて家康に内通したのではないかと疑念を持たれ、ついには討っ手を差し向けられる事態となった。

信吉は景勝からの討っ手を逃れ、三月二十三日に江戸へたどり着く。江戸城で家康の嫡男・秀忠に拝謁し、景勝が謀反を企てていると告発した。その後、信吉は大坂へ向かい、家康にも景勝謀反と告発している。

会津移封後、景勝の覚えがめでたい兼続の権勢が強くなる一方で、信吉は家中で孤立を深めていた。上杉家から離れて家康に仕えたい気持ちが募り、その歓心を買うため刀の拝領という行動に出たのだろうか。だが、家康への牽制役を期待された立場の景勝にとって、それは裏切り行為でしかなかった。

家康から即時上洛を要請された景勝

景勝謀反という告発は、別の筋からも届いていた。上杉家の会津移封に伴い、越後の新領主となった春日山城主・堀秀治の家老・堀直政が告発者である。

景勝が慶長三年正月に国替えを命じられた際、旧領越後で徴収済みの前年の年貢をすべて会津に運び込んだことが事の発端であった。堀家が旧領の越前国から越後に入ったのは同年六月だが、年貢を徴収できるのは秋であり、それまでの間、堀家の米蔵は空だった。歳入ゼロを強いられた堀家は、上杉家から米を借用する羽目となる。秋に入り、ようやく慶長三年の年貢を収穫する段となったが、ここで大問題が生じる。予定量を徴収できなかったのである。大勢の領民が旧領主・上杉家とともに会津へと去り、放棄された農地が多かったことが理由であった。

驚いた堀家が領内の検地を実施したところ、越後魚沼郡のある村などは耕作が放棄された田が八割に達し、会津へ去った農民も約九割いたことが判明する。堀家は年貢徴収を強化するが、当然ながら領民たちの反発を買い、その意図は果たせなかった。よって、堀家は上杉家に遺恨を抱く。秀治の意を受けた堀直政は窮状を家康に訴えるとともに、上杉家に不穏な動きがあると申し立てた。神指での築城工事のほか、名立たる牢人を召し抱えて大量の弓矢や鉄砲などの武具も集めていると告発し、家康の危機感を煽った。

景勝の立場からすると、藤田信吉にせよ、堀直政にせよ、その申し分は讒訴《ざんそ》に他ならなかったが、ここに家康は景勝糾弾の材料を得る。

時系列でみると堀家からの告発の方が先だが、家康の意を受けた奉行衆は景勝に即時上洛を勧告する。弁明の機会を与えようとしたが、家中が混乱していることや領国経営に専念したいとの理由を掲げて、秋まで延ばしてほしいと求めてきた。そんな頃、上杉家内部からも告発者が出たという流れであった。

一方、家康は景勝が即時の上洛に応じなかったことを問題視し、再度の勧告を決める。それでもなお即時上洛に応じなければ、上杉討伐を断行する二段構えをとった。

会津に派遣されたのは、家康の家臣・伊奈昭綱と増田長盛の家臣・河村長門守の二人である。四月十日、二人は会津に向けて出立し、二十三日に到着する。景勝に対面して上洛を促したが、その際、西笑承兌《さいしょうじょうたい》という僧侶の書状も持参していた。

承兌は京都五山筆頭の相国寺住持などを務め、当時は五山の禅僧を統括する地位にあった。秀吉の信任を受けて対外交渉にあたったため、豊臣政権の外交顧問としての顔も持っており、景勝の信任厚い直江兼続とも旧知の間柄だった。

そうした人脈を踏まえ、承兌は兼続に書面（四月一日付）を認めた。その趣旨は以下のとおりである。

堀直政が景勝に不穏な動きがあると家康に告発したことで、豊臣政権に対する謀反の嫌疑がかけられている。その嫌疑を解くには、景勝が上洛して申し開きするしかない。兼続が景勝を説得し、できるだけ早く上洛が実現することを希望する。

しかし、景勝が上洛することはなかった。

直江状に込めた上杉家の真意

承兌からの書面を受け取った兼続は、四月十四日付で返書を認める。家康への挑戦状として名高い「直江状」である。近年その真贋の議論が盛んだが、当時の状況をよく伝える内容だったのは間違いない。

差出人は兼続だが、景勝の意を踏まえた上杉家の公式見解だった。

直江状といえば家康からの上洛要請を拒絶した書面のイメージが強いが、上杉家は別に上洛を拒絶してはいなかった。国替えとなったばかりで領国支配が不充分であるとして、夏までの猶予を求めただけなのである。先の奉行衆への返答では秋までの延期を希望したことを踏まえると、上杉家はむしろ譲歩していた。

しかし、上杉家では謀反の嫌疑とセットで上洛を求められたことを問題視する。讒訴した者の申し分を豊臣政権がきちんと究明せず、上杉家に謀反の意思があるのではないかと一方的に決めつけてきたことが許せなかった。讒訴した者とは堀直政であり、旧臣の藤田信吉のことであった。

上杉家の言い分は、直政たちの申し分は鵜呑みにする一方、景勝には謀反の意思がなければ上洛せよと求めるのはあまりに不公平である。上杉家としては、直政たちの申し分を究明してほしい。そうでなければ上洛はできないとの立場を強調したのが、直江状の趣旨だった。上杉家は家康からの使者に対しても、讒訴者の申し分の究明を条件に上洛する意思を示していた。

なお、武具の収集や道橋の普請が問題視されたことについては、上杉家の問題という見解を示した。これは上杉家中の問題で、豊臣政権が介入できる筋合いのものではないとの言い分である。

だが、家康の態度は強硬だった。無条件での即時上洛を求め、ついには日限を切って催促してきた。

上杉家としても譲れない線があった。その結果、景勝は上洛を拒否する。武門の意地にかけて、徹底抗戦の道を歩む。

直江状とは、巷間《こうかん》言われているような家康への挑戦状ではなかった。讒訴者の申し分の究明を条件に上洛も受諾していたが、家康がその条件を拒否した上に日限まで切ってきたことで、景勝は立ち上がらざるを得なくなったのである（本間宏「上杉景勝の戦い」『関ヶ原大乱、本当の勝者』朝日新書）。

三成と上杉家の事前密約説

この直江状に絡めて語られることが多いのが、三成と兼続の密約説だろう。三成と兼続が家康を東西から挟撃する密約を事前に結んでいたという説だ。

直江状に象徴される上杉家の挑発を受け、家康は会津に出陣してくるだろう。一方、三成は家康が大坂を留守にする間に挙兵し、東西から挟み撃ちにする壮大な戦略であった。

東西挟撃の構図が現実のものとなったことで、事前密約説が広く流布することになるが、実際のところは後付けの話に過ぎない。事前の密約など、二人の間で交わされてはいなかった。家康の強硬な態度が景勝をして徹底抗戦の方針に追い込んだ結果、三成挙兵が誘発されたのが真相である。

家康が大坂城に居座り、豊臣家の錦の御旗である秀頼を奉じたままでは、三成としては手の打ちようがなかった。しかし、上杉討伐のため家康が出陣する可能性が出てきた。家康が大坂を留守にすれば、労せずして秀頼と引き離すことができる。

その間隙に乗じて秀頼を奪い返し、他の大老や奉行衆を味方に引き込むことで豊臣政権を牛耳ってしまえば、家康を失脚させることができる。豊臣家の錦の御旗である秀頼を奉じてみずからは官軍となり、家康を賊軍として討伐できるはずだ。

上杉討伐が現実味を帯びてきた段階で、三成はこう考え、景勝（兼続）との連携を視野に入れはじめたのではないか。そして挙兵に成功すると、景勝が家康の本拠地・関東に攻め込むことを期待したが、それは幻に終わる。

そもそも、景勝としては三成が反家康派の諸大名を糾合できる確たる見込みがない限り、先手を打って豊臣政権を牛耳る家康との戦いに臨めるはずなどない。三成が挙兵に失敗すれば、孤立無援の戦いを強いられるからである。

三成の身上は家康の十分の一にも満たない上、当時は失脚して佐和山に蟄居している身の上だった。そんな立場の三成の誘いに乗り、上杉家の滅亡も覚悟の上で家康討伐の事前密約を交わすとは考えられない。

三成の挙兵により、家康が共通の敵となったことで東西挟撃の構図が現実のものとなったものの、上杉家が関東に攻め込んで家康と戦火を交えることはついになかった。上杉領に侵攻した伊達政宗と戦火を交え、あるいは出羽国《でわのくに》の山形城主・最上義光《よしあき》の領地に侵攻するなど、家康側に属した東北諸大名との戦いに専念している。

要するに、上杉家は三成を援護射撃することよりも、所領の維持拡大を優先させた。その結果、三成が期待した東西挟撃は画餅に終わる。

もうひとつ見落とせないのは、挙兵直後から、三成は信濃国の上田城主・真田昌幸を介し、景勝との連携強化に躍起となっていたことだ。それは、上杉家との間で信頼関係が築けていなかったことを示している。東西挟撃の事前密約が成立していたとするのは、土台無理な話なのである。

三成と兼続の関係についても、肝胆相照らす盟友どうしのような関係を示す確たる証拠などない。関ヶ原の戦いが家康の勝利に終わると、兼続は上杉家の改易を防ぐため家康に膝を屈した。敗北した三成は処刑されたが、上杉家の存続に成功した兼続は家康の家臣・本多正信の次男を自分の養子に迎えており、戦後も家康との関係修復に余念がなかった。

会津出陣を強行した家康

家康が強硬な姿勢を崩さなかったことで、景勝上洛の可能性は消えた。徹底抗戦を覚悟した上杉家は領内の防備を急ぎ固める。

上杉討伐軍を率いて会津に出陣することを決意した家康に対し、奉行衆は強く反対する。慶長三年八月五日に秀吉が五大老・五奉行に示した遺言の第二条目において、今後三年間の家康の在京が定められていたからである。会津への出陣とは遺言に背くものだったが、家康が大坂を留守にすれば政情が不安定になることも恐れただろう。

だが、家康は奉行衆の反対を押し切る。六月二日、豊臣政権に対して謀反の疑いがある上杉家を討伐するため会津に出陣する、と諸大名に伝えた。討伐軍を率いる家康が会津に攻め入るのは七月下旬とした。

大坂城西丸で会津攻めの部署を決める軍議が開かれたのは六月六日のことである。軍議の結果、上杉領を包囲するように五つの攻め口が決められ、家康は白河口を担当。伊達政宗は信夫口。最上義光は米沢口。前田利長は津川口。佐竹義宣は仙道口の主将と定められる。堀秀治は津川口が攻め口として当てられた。

六月十六日、家康は大坂城を出て伏見城に向かったが、会津への出陣を命じられた諸大名はその準備に入る。同十八日、家康は伏見城を出陣して江戸へ向かうが、三成の襲撃をはかった福島正則や黒田長政など武功派の諸将たちも、その軍列に加わる。三成挙兵後は、そのまま家康を総師とする東軍に属した。

大老の輝元や秀家も家臣を会津に向かわせ、家康率いる上杉討伐軍の軍列に加わらせることになった。毛利家では吉川広家と安国寺恵瓊、宇喜多家では秀家の従兄弟・宇喜多詮家《あきいえ》が会津に出陣する予定だった。

こうして、自分に屈服しなかった上杉家の討伐に成功すれば、家康一強の体制はここに完成するはずだった。豊臣政権内で、家康に楯突ける者はもういない。

だが、その裏では家康を政権の座から引きずりおろす密談が進んでいた。

2 西軍総師となった輝元

三成の盟友・大谷吉継

家康が会津に出陣した後、その追い落としをはかる動きが本格的にはじまる。謀主として立ち回ったのは、政界から隠退していた石田三成であった。

三成は秀吉の遺命に背く家康の動きを抑え込むため毛利輝元との連携を進めたが、朝鮮出兵時に生じた遺恨により、加藤清正たち七将から襲撃されそうになる。この一件は家康が仲裁に入ることで合戦には至らなかったが、三成は騒動の責任を取らされる形で奉行の座を追われ、政界を隠退したのだった。

三成の隠退により、連携していた輝元の政治力も低下する。家康への屈服を意味する起請文まで交わすが、その後、養子だった毛利秀元の分知問題への介入を許してしまう。当事者の秀元が自分に有利になる分知を希望して、家康に働きかけたことがきっかけである。

家中の問題に家康の介入を許したことで、中国の太守としての権威は大きく傷つくが、家康は分知問題に乗じて毛利家の弱体化を目論む。宇喜多家の御家騒動に介入した時と、その事情はまったく同じだった。

しかし、毛利家内部の問題に介入された輝元は強い危機感を抱く。家康による内政干渉が、三成の挙兵に呼応する決断に大きな影響を与えたことは想像に難くない。雌伏を余儀なくされ、巻き返しの時を窺っていた三成と輝元だが、家康が上杉討伐のため大坂を留守にするだけでは不充分であった。家康と一体化していた政権首脳部の三奉行を味方に付けない限り、秀頼を奉じることができない。

三成からすると、家康に寝返った元同僚の三人を説得する必要があったが、自身は居城の近江国佐和山において蟄居の身であり、直接動けなかった。そこで頼みにしたのが、越前国の敦賀城主・大谷吉継であった。

吉継は秀吉の側近として重用された子飼いの家臣で、三成と同じく事務能力によって立身した吏僚層の代表格である。文禄の役では三成や増田長盛とともに朝鮮奉行を務め、出征した諸将の監督にあたった。その後、病のため政権の中枢から身を引いている。

しかし、三成の失脚を受けて政界に復帰する。奉行に登用されたわけではなかったが、家康をトップとする豊臣政権の吏僚として三奉行とともに手腕を発揮した。先に討伐の対象となった前田利長との交渉役を務める一方で、宇喜多家の御家騒動では、家康の家臣・榊原康政とともに仲裁にあたった。今回の上杉討伐に際しても、討伐前には長盛とともに景勝との交渉役を務め、家康に従って会津まで出陣することになっていた（外岡慎一郎「大谷吉継の戦い」『関ヶ原大乱、本当の勝者』）。要するに、家康の信任が厚かったのである。

吉継は事務能力のみならず、軍事能力にも優れていたことはよく知られている。三成もその能力を大いに期待し、家康討伐を目指す挙兵計画に引き入れようとはかった。

七月二日、居城の敦賀城を出陣して美濃国の垂井に到着した吉継は、佐和山に使者を送る。石田家では三成の嫡男・重家が会津に出陣する予定であった。その際には、吉継に同行させる話となっていた。

ところが、三成は佐和山まで出向いてほしいと求めてきた。そして、佐和山にやって来た吉継に対し、家康打倒の挙兵計画に加わってほしいと懇請した。成功を危ぶむ吉継は翻意を促す。

その後、垂井に戻った吉継は、病気と称して数日逗留している。垂井に逗留中も、使者を通じて翻意を促すが、三成は頑として聞き入れなかった。

ついに、吉継はともに決起することを決意する。七月十一日に佐和山へ入り、三成とともに挙兵計画を進めていく。関ヶ原の戦いではよく知られているエピソードである。

吉継は家康からも高く評価されたが、家康一強への危機感は三成と共有していたはずだ。三成はそこに期待し、説得を重ねたのだろう。

三成が吉継に期待したのは、三奉行を説得して家康打倒の挙兵計画に賛同させることであった。三成にせよ、吉継にせよ、長盛たち三奉行とは、事務能力が評価されて立身して豊臣政権をともに支えてきた間柄であった。吉継は三成の期待に応え、長盛たちを味方に引き入れることに成功する。

三成と毛利家を繫いだ安国寺恵瓊

吉継が挙兵に賛同した理由を、三成への個人的な友情だけに求められないことは言うまでもない。一般的には三成との友情に殉じた人物としてのイメージが強い吉継だが、それだけが理由ではなかった。

挙兵までの経緯をみていくと、輝元が三成の挙兵計画に賛同していたことが決定的だった。つまり、輝元を総師として推戴するのならば、勝算ありとして挙兵に賛同したと考えるのが自然である。

三成には人望がないとして、輝元を推戴して挙兵するよう吉継が勧めたという話も定説化しているが、事実ではない。これからみていくように、吉継が三成の挙兵に賛同してからわずか数日で、毛利家の大軍が大坂城を占領している。その前から、輝元が三成の挙兵に呼応することを決めていたと考えなければ、到底成り立たない軍事行動であった。

輝元が三成の挙兵に賛同していたことは、そのまま三奉行への説得材料に使われただろう。さもなければ、三奉行にしても家康討伐という賭けには出られなかったに違いない。

三成と輝元がリードする形で、挙兵計画は進められていた。これに吉継も加わり、その説得を受けて三奉行も相乗りすることを決めたというのが真相だろう。家康と一体化していた三奉行プラス大谷吉継は、輝元が決起したことを受け、家康と袂を分かつ。

三成に呼応して失地回復を目指した輝元だったが、両者を繋ぐ人物として安国寺恵瓊の存在は欠かせない。

恵瓊は安芸国の守護大名だった武田家の流れを汲む名家の出身である。幼少の頃に出家し、安芸の安国寺に入寺した。安国寺とは南北朝の騒乱での戦没者の追善と、国家安穏の祈禱場として、足利尊氏・直義兄弟が各国に設けた臨済宗の寺院であった。

その後、恵瓊は戦国大名として台頭した毛利家に仕え、安芸や備後国の安国寺の住持を務める傍ら、使僧として毛利家の外交部門を担う。毛利家が織田信長と対決していた頃より織田家の武将だった秀吉と交渉があったが、その将来性に注目したことはよく知られている。亡き小早川隆景とともに、秀吉の天下取りを支える形で領国の保全をはかる毛利家の方針をリードした。

よって、秀吉からも重用された恵瓊は豊臣政権とのパイプを活かして、毛利家に強い影響力を及ぼしたが、三成はそこに目を付ける。自分が動けない代わりに、恵瓊を介して輝元に挙兵計画を伝え、賛同を取り付けたのだろう。

その際、家康の風下に甘んじることに耐えられない輝元のプライドに三成は訴えたに違いない。そもそも、秀吉からは東国の統治は家康、西国の統治は毛利家に任せるとされていたこともあり、同格の意識は強かったはずだ。それだけ、家康へのライバル心は旺盛だった。

三成は吉継に挙兵計画を打ち明ける前に、恵瓊を通じて輝元の賛同を得ていた。輝元も三成の誘いを受け、早くから家康討伐に応じる準備をしていた。これからみていく輝元の行動を追っていくと、それは一目瞭然なのである。

輝元、大坂入城

関ヶ原の戦いにおける輝元の動向については、三成と恵瓊の策謀に乗せられ、いわばだまされる形で大坂城に入城して西軍の総師に祀り上げられ、その後も大坂城から出ることはなく、戦闘にも積極的に関与しなかったという消極性、あるいは優柔不断さで語られるのが定番である。だが、実際はまったくの逆であった。

輝元の大坂入城までを追ってみる。

家康が大坂城を出て東に向かったのは六月十六日のことだが、大坂にいた輝元はその直前、海路で帰国の途に就く。同十七日夜、広島に到着したが、表立っては何の動きも示さなかった。

七月十二日、増田長盛、長束正家、前田玄以の三奉行は連名で、広島城にいた輝元に対して次のような書状を発した。

「大坂御仕置之儀」についてお考えを承りたいので、急ぎ大坂まで出向かれるように。詳細は安国寺恵瓊からお知らせする。

石田家の軍勢を同行させて会津に向かうはずの吉継が病と称して美濃垂井から動かなかったため、不穏な風聞が既に広まっていた。三成が出陣つまり挙兵の準備をしており、吉継もこれに同心しているという内容だった。

そんな不穏な情勢を捨てて置けなくなった三奉行は、家康と輝元に対し、急ぎ上坂するよう求めた。当時、大老で大坂にいたのは秀家のみであった。

この書状が輝元のもとに届いたのは十五日と推定されているが、輝元は上坂を即断する。恵瓊からも連絡が入ったが、かねての計画どおりに軍事行動を起こしてほしいというものだったろう。

その日のうちに、輝元は兵を率いて海路大坂へと向かう。十九日には、家康がいた大坂城西丸に入城する。

輝元の到着に先立ち、秀元率いる毛利勢が大坂城に入っていた。十七日の段階で、毛利家の大坂屋敷にいた秀元が西丸の占領に成功したのである。上坂要請を受けて輝元が広島を出陣するのを合図に、大坂で軍事行動を起こす手筈になっていたことが窺える。

一方、西丸の留守居を務めていた家康の家臣・佐野綱正は何ら抵抗せず、毛利勢に西丸を明け渡してしまう。大坂城を預かる三奉行が三成の挙兵に呼応したことで、抗戦を諦めたのである。

この時、輝元は広島から大坂までわずか四日で到着している。江戸時代の事例だが、毛利家は江戸への参勤交代の際、大坂までは海路で向かっており、広島近海から大坂まで六〜八日を要したという。

この数字を踏まえると、凄まじい急行軍だったことがわかる。家康討伐の総帥の座に一刻も早く就きたい輝元の逸る気持ちが滲み出ている。大坂から報せが入れば、猛スピードで到着できるよう万全の準備を整えていたのだ。そう考えなければ、とても理解できないスピードであった。

恵瓊を通じて三成と挙兵のタイミングを打ち合わせ、諸々の準備を整えていたからこそ迅速に出陣することができた。海路での急行軍も可能だった。自分の露払いのような形で、秀元を大坂城に入城させることもできた。

前年の襲撃事件の際に輝元が軍事支援も辞さない姿勢を示したこともあり、この家康打倒の挙兵にも賛同してくれると三成は踏んでいた。果たせるかな、輝元は挙兵に呼応し、総師の座に就くことを約束する。大軍を率いて、電光石火、大坂城に入った。挙兵は成功した。

しかし、毛利家にも不安材料があった。軍事面を預かる吉川広家の動向だ。その不安は後に的中することになる。

クーデターに呼応した三奉行

七月十二日、三奉行は輝元に上坂を要請する書状を送ったが、同日、増田長盛は会津へ向かう家康の側近・永井直勝に向けて次の書状を発した。三奉行のなかで家康の信頼が最も厚かった長盛は、上方の異変を急ぎ知らせていたのである。

大谷吉継が病気と称して美濃垂井で二日間逗留している。上方では三成出陣との風評が流布しているので、まずは御一報申し上げる。

そして同時期、三奉行は家康に対し、三成と吉継による不穏な動きを鎮定するため、早々の上洛（上坂）を求める書状も送っていた。上杉討伐は中止し、急ぎ大坂に戻って三成と吉継を成敗してほしいと要請したのである。

すなわち、先の輝元への上坂要請は、三成の挙兵に呼応するよう求めたものではなかった。「大坂御仕置之儀」とは、挙兵を企てている三成・吉継を成敗することであった。まったく逆だったのである。

この段階では、三奉行は三成・吉継の挙兵計画に同調しておらず、逆にその制圧をはかっていた。そのため、会津に向かっている家康を大坂に呼び戻し、広島にいる輝元も大坂に呼び出そうとした。金沢にいた前田利長も、同じく三成・吉継の挙兵を鎮定するため、家康に上洛を求めている（笠谷和比古『関ヶ原合戦と大坂の陣』吉川弘文館）。

ところが、三奉行は豹変する。

一転、十七日に三奉行の連名で、家康討伐の方針を打ち出す。家康打倒を掲げる三成の挙兵を鎮定する立場から、挙兵を支持する立場に百八十度転換した。

三成や吉継の説得が功を奏した格好だが、決め手は輝元が挙兵に同意していることであったはずだ。挙兵に呼応するため大坂へ急行していることを伝えられ、家康と袂を分かつことを決める。

三奉行としても毛利家の大軍が家康不在の大坂に向かっている状況では、三成に楯突くことはできなかった。そもそも、家康独裁への危機感は三成と共有していただろう。

自分が挙兵の動きを示せば、三奉行は大老の家康や輝元に上坂を要請して封じ込めをはかるに違いない。輝元はそれに乗じて大軍を大坂に送り込み、その軍事力を背景に三奉行を味方に引き入れる。その後、豊臣政権をして家康打倒の方針を表明させる筋書きを三成は立てていたのではないか。その筋書きどおり、事態は進行していく。

こうして、三成が吉継を味方に引き入れてから数日後の七月十七日には、毛利家の軍事力を後ろ盾に、豊臣政権をして家康討伐の方針を表明させることに成功する。

まさに鮮やかな政変、軍事クーデターに他ならなかった。大坂にいた秀家も三成の挙兵に呼応し、輝元を総帥とする西軍に参加する。
この日を境に、家康は〝官軍の将〟から〝賊軍の将〟に転落した。

家康討伐の布告

輝元の指令を受けた秀元率いる毛利勢が大坂城西丸に入った七月十七日、奉行衆は「内府ちかひの条々」を全国の諸大名に向けて発した。「内府」、つまり内大臣だった家康の非法を次の十三箇条にわたって弾劾したのである（中村孝也『新訂　徳川家康文書の研究〈新装版〉』）。

①石田三成と浅野長政を奉行辞職に追い込んだこと。
②前田利長を追い詰めて生母・芳春院を人質に取ったこと。
③何の落ち度もない上杉景勝の討伐をはかった件について理非を述べて翻意を促したが、聞き入れず出陣に及んだこと。
④忠節もない者に知行を与えたこと。
⑤伏見城に自分の手兵を入れたこと。

⑥五大老・五奉行以外と誓紙を数多く取り交わしたこと。
⑦北政所の御座所である大坂城西丸御殿に居住したこと。
⑧西丸にも本丸のように天守を建てたこと。
⑨自分が贔屓《ひいき》にしている大名の妻子の帰国を許したこと。
⑩豊臣政権の許可を得ず勝手に諸家と婚姻を結んだこと。
⑪若い衆を扇動して徒党を組ませたこと。
⑫大老の連署で処理すべき政務を一人で処理したこと。
⑬石清水八幡宮への検地を免除したこと。

このように糾弾されるべき所行を十三箇条にわたって列挙した後、「誓紙を守らず、秀吉の遺命に背く家康を捨て置くことはできない。このまま家康により大老や奉行が一人ずつ排除されていけば、ついには秀頼を守る者がいなくなる」という一文で結ばれた弾劾状であった。

以上の十三箇条に添えて、三奉行は次のような連署状を発した。

家康による上杉討伐とは秀吉の遺命に背き、秀頼を見捨てて出陣に及んだものである。大老・奉行は相談の上、家康と対決することを決めた。家康の非法は別紙の「内府ちかひの条々」に挙げたとおりである。尤《もっと》もなことと思い、秀吉の恩義を忘却していなければ、秀頼に忠節を尽くすように。

この連署状に三成の名はないが、今回のクーデターにより奉行に返り咲いたとみるべきだろう。

秀吉の死後、家康が大老職を解かれたのは言うまでもない。

一方、家康は政権内で独裁を強め、閣内の大老・奉行を次々と屈服させた。これに対し、三成を謀主に家康以外の大老（前田利長は除く）や奉行が結集し、錦の御旗である秀頼を奉じて家康の排斥を目指すことになった。失脚した家康は豊臣政権の討伐を受ける立場に転落した。

豊臣政権により上杉討伐が否定されたことで、家康率いる討伐軍も存在意義を失うが、それだけではない。家康を討つことは秀頼への忠節に繋がるため、従軍していた諸大名が矛先を転じて家康に刃を向けても不思議ではなかった。

家康はこの危機をどう乗り越えようとしたのか。

3　青天の霹靂だった三成の挙兵

西軍は政府軍、東軍は反政府軍だった

七月十七日、大坂城西丸に入城した輝元は、家康に代わって豊臣政権トップの座に就く。それまでは実質的に三大老・三奉行制であったが、家康が失脚して三成が奉行職に返り咲いたため、二大老・四奉行制へと移行する。

輝元と秀家の二大老は連名で、家康の所行を弾劾するとともに秀頼への忠節を呼びかける書状を諸大名に向けて発した。前田利長にも家康討伐に加わるよう求める書状を送ったが、こうした書状が後に輝元の命取りになる。

二大老・四奉行の呼びかけに応じて、三成と輝元のもとに馳せ参じる諸大名は日を追って増えていった。主に西国の諸大名により構成されたため、西軍と呼称されるのが通例である。一方、家康側に付いたのは主に東国の諸大名であったことから東軍と呼ばれる。

ただし、東軍、西軍といっても後世の呼称に過ぎず、並列した存在でもなかった。西軍は秀頼を奉じる豊臣正規軍で、かたや東軍は賊軍の将の烙印を押された家康率いる私兵に過ぎなかったからである。

西軍が政府軍で、東軍が反政府軍と言ってもよいだろう。家康にとっては、大坂を留守にしている間に秀頼を輝元や三成に奪われたことが致命的だった。やがて、西軍は総勢十万人に達し、家康率いる東軍の倍近くの人数となった。

一方、三成は家康に従って会津へ向かった諸大名の妻子に目を付ける。秀吉存命中、諸大名は伏見城下の屋敷に妻子を置くことが命じられた。豊臣政権に背かないよう人質として差し出させたわけだが、秀吉の死後は秀頼が大坂城に移ったため、今度は大坂屋敷に住まわせることが義務付けられる。

よって、三成は大坂屋敷内の妻子を人質に取ることで、家康に従っていた諸大名の寝返りを策し、妻子を城内に差し出すよう厳命した。

ところが、人質となることに抵抗して死を選んだ女性が現れる。家康に三男・忠利を人質として差し出した細川忠興の妻・玉である。細川ガラシャという洗礼名の方が知られているだろう。

西軍はガラシャを人質に取ることで、上杉討伐軍の戦列に加わっていた夫・忠興を家康から引き離そうとはかったが、ガラシャは人質となることを拒絶する。そして、家臣に自分の命を奪わせた。キリスト教では自害が禁じられていたからだ。時を移さず、屋敷には火がかけられた。「内府ちかひの条々」が発せられた七月十七日のことである。

ガラシャの死が西軍首脳部に与えた影響は大きかった。人質を取られた諸大名の反発を恐れ、各屋敷の周りを柵で囲んで監視を強化するにとどめざるを得なくなる。だが、三成たちの厳戒網をくぐり抜け、妻子を大坂から脱出させる事例は後を絶たなかった。結局のところ、諸大名の妻子を人質に取る作戦は失敗に終わる。

三成にとっては誤算のはじまりであった。

クーデターを把握できなかった家康

秀頼を奉じる二大老と四奉行は西軍本営の大坂城で家康討伐の作戦を練るが、まずは家康の西上に備える必要があり、毛利勢が近江の瀬田に陣を構えることになった。

古来、瀬田は東海道や中山道を経由して京都に入る際の要衝であった。数々の攻防戦も繰り広げられた場所だが、上方には家康最大の拠点が残されていた。家臣の鳥居元忠が留守を預かった伏見城である。伏見城を攻め落とさなければ、瀬田と大坂の連絡に支障が出てしまう。

翌十八日、西軍は伏見城に向けて開城を勧告する使者を送ったが、元忠は拒絶する。ここに伏見城の攻防戦がはじまる。

さて、家康が上方の異変を知ったのはいつだったのか。話を少しさかのぼって、家康の動静を検証していこう。

東海道を東に下っていた家康が江戸城に入ったのは、七月二日のことである。その後、約二十日間、家康は江戸にとどまった。福島正則たち従軍諸将の到着を待つとともに、会津攻めの作戦を練る。

同十九日には、十二日付で発せられた増田長盛や奉行衆の書状が家康のもとに届く。伏見城の鳥居元忠からも、三成挙兵の急報は届いていたはずだ。従軍諸将にも上方の異変の報は届いただろう。

しかし、家康はすぐに西上するつもりはなかった。二十一日に江戸城を出陣し、そのまま会津へと向かう。この段階で把握していたのは三成と吉継による挙兵の動きのみで、事態をさほど深刻に認識していなかったことがわかる。

三成と吉継の所領を合わせても自分の十分の一程度である。揉み潰すことなど造作もないと考えたのかもしれない。輝元の動きもまだ摑んでいなかっただろう。

まして、三成たちの不穏な動きを鎮定してほしいと要請してきたばかりの三奉行が豹変し、自分を討伐する側に回ったとは夢にも思わなかった。官軍の将から賊軍の将に転落したことなど、想像すらしていなかった。

江戸城を出陣した家康だが、二十一日は武蔵国の鳩ヶ谷、二十二日は岩槻、二十三日は下総国古河、二十四日は下野国の小山で宿泊した。従軍諸将も前後して奥州街道を進んでいた。

徳川勢は家康がすべて率いたのではない。嫡男・秀忠が先発隊を率いて十九日に江戸城を出陣し、二十一日には下野国の宇都宮に到着した。

その後も、家康のもとには上方の不穏な情勢が次々と入ってきた。さすがに、家康も楽観視できない事態であることを悟りはじめる。輝元が三成と吉継に加勢したことも知っただろう。

よって、上杉討伐の中止へと気持ちが傾いていく。

米沢口から上杉領に侵攻する予定の最上義光宛ての書状（七月二十三日付）では、三成と吉継が挙兵の準備中であるとして、深入りしないよう指示している。上杉家との戦いが泥沼化して上方の情勢に対応できなくなることを懸念したのだ。

義光宛ての書状には、両名の不穏な動きを鎮定するため早々の上坂を求めてきた三奉行の書状の写しを添えており、この時点では長盛たちが袂を分かったとは知らなかったこともわかる。自分と一体化していると思い込んでいたのである（『譜牒余録』）。

そして、小山に到着した翌二十四日、伏見開城を求められて開戦前夜の状況に陥ったとの急報が元忠から届く。これは十八日時点の情報であった。

この前日（十七日）に秀元率いる毛利勢が大坂城西丸を占領しており、輝元が三成と吉継による挙兵に呼応した事実も知ったに違いない。ただし、三奉行が自分を討伐する側に回ったことまではわからなかった。

いずれにせよ、情勢は急展開を遂げた。七月二十五日、家康は従軍した諸将を小山に集めて軍議を開き、対応を協議する。

世に言う「小山評定」がはじまる。

小山評定と上杉討伐の中止

関ヶ原の戦いが描写される際、小山評定はクライマックスシーンのひとつとして定番の場面となっている。

まず、家康は軍議の場で三成挙兵の事実を従軍諸将に知らせ、三成の西軍に付くか、家康の東軍に付くかは各々の判断に任せると述べた。諸将が西軍に妻子を人質として取られていたことを慮《おもんぱか》ったのである。

沈黙が続いた後、尾張国の清洲城主・福島正則が立ち上がって次のとおり述べ、大見得を切る。

「自分は家康に味方する。大坂に置いてきた人質の妻子がどうなろうと構わない」

この発言が呼び水となり、諸将は家康に付くことを次々と申し出た。

そして、三成と景勝のどちらを先に討つのかという話になり、一同、三成たちを討つべきであると答えた。そこで正則と、家康の娘婿である三河国の吉田城主・池田輝政が先鋒となり、正則の居城・清洲城に集結することで話がまとまる。

続けて遠江国の掛川城主・山内一豊が居城を家康に提供すると申し出た。この発言を受け、東海道筋の諸将たちは同じく居城の提供を申し出る。これにより、家康はスムーズに西上の途に就くことができた。

ここに軍議は決した。

上杉討伐は中止され、従軍諸将は挙《こぞ》って東海道を西に向かっていく。同じく家康指揮のもと、今度は三成・吉継たちを討つため戦うことになった。家康は江戸城にいったん戻り、準備を整えた上で正則たちの後を追うと表明し、軍議は終了した。

加藤清正とともに秀吉子飼いの代表格である正則が家康支持を強く打ち出す場面は、軍議の流れを決定付けるとともに、家康の信望の厚さを強く印象付ける効果があった。それゆえ、劇的に描写されることも多い。

だが、徳川家の正史である『徳川実紀』に収録されたように、家康にたいへん都合のよいエピソードである以上、正則たち諸将の発言が誇張されていることは否めず、家康賛美の性格が強い内容をそのまま鵜呑みにはできない。関ヶ原の戦いの研究史では、本当に小山評定はあったのかということまで議論されているほどだ。

そもそも、家康は豊臣政権から討伐される対象に転落していたのに、その事実を軍議に参加した諸将は誰一人知らなかった。仮に知っていたら、正則は家康に味方すると発言しただろうか。諸将にしても果たして同調したのか。

実は、軍議の流れを決定付けた正則の発言には黒幕がいた。正則とともに反三成の急先鋒だった黒田長政である。

朝鮮出兵の際に生まれた遺恨が直接のきっかけとなり、前年閏三月に武功派七将は三成襲撃をはかったが、長政はまさしく当事者の一人だった。長政と蜂須賀家政が蟄居を命じられ所領の一部を没収される厳罰を受けていたことは、既に述べた。

三成に対する遺恨が特に深かったことは言うまでもないが、三成が敵視する家康と長政は姻戚関係にもあった。家康の養女を妻に迎えていたからだ。

こうした人間関係を背景に、長政は家康と連絡を取り合いながら、裏では正則のみならず秀吉子飼いの武将たちを家康支持でまとめ上げていた。東軍の結束を強めた功績は、戦後の論功行賞において家康から高く評価されることになる。

後述するように、長政は西軍総帥の毛利家にも調略の手を伸ばす。その交渉相手こそ、関ヶ原の戦いにおけるキーパーソンとして浮上する吉川広家であった。

小山評定の後、三成に激しい敵意を抱く正則や長政たち豊臣家譜代衆は東海道を西に向かった。家康も後を追う予定だったが、その直後、重大な情報に接する。想定外の事態が上方では起きていた。

驚愕の事実を知った家康は、動くに動けなくなってしまう。その結果、一か月近く江戸にとどまるのである。

賊軍の将への転落を知った家康

家康を驚愕させた事実とは何か。

小山評定の時までに家康が入手していた上方の異変とは、三成・吉継共謀による挙兵に輝元も呼応し、伏見城が開城を迫られたところまでだった。

ところが、自分と一体化していたはずの三奉行が諸大名に向けて「内府ちかひの条々」を発した事実を、小山評定から四日後の二十九日に至ってようやく知る。政権首脳の三奉行は家康と袂を分かち、全国の諸大名に向けて家康討伐を布告していた。

正則たち豊臣家譜代衆の諸将も早晩この事実を知ることになるが、それでも自分に味方して三成討伐のため戦ってくれるだろうか。むしろ、矛先を転じて自分を攻めてくるのではないか。

正則たちが寝返ってしまうことへの不安に駆られた家康は、東海道を西に向かう長政に向け、二十九日付で次の書状を送った。

諸将が西上の途に就いた後、大坂の奉行衆が「別心」つまり家康討伐を布告したことを知った。重ねて相談したいところだが、西上の途に就いているので叶わない。委細は池田輝政に伝えたので相談してほしい。(『黒田家文書』)

相模国の厚木で家康の書面を受け取った長政は、踵《きびす》を返して家康が滞陣中の小山に戻ったともいわれる。家康から正則の動向を問われた長政は、三成との仲は険悪であるから家康に味方することは間違いないと答えた。

家康は安堵するも、後を追って西上するという小山評定での約束はすぐに果たすことはできなかった。

八月二日まで、家康は小山に滞陣している。想定外の事態が起きたことで動けなかったわけだが、討伐は中止したものの、上杉家に対する備えは万全にしておく必要があった。三成が期待したように、関東に攻め込んでくるかもしれないからである。

東西から挟撃されれば万事休すだ。しばらくの間、秀忠を宇都宮にとどめることを家康は決める。

家康包囲網と東軍崩壊の危機

一方、西軍に開城を迫られていた伏見城だが、守将の鳥居元忠が拒絶したことで攻城戦が開始される。

わずか千八百人の徳川勢に対し、攻めかかる西軍は秀家率いる約四万。小早川秀秋、小西行長、鍋島勝茂など主に九州の諸大名により構成された攻め手の猛攻を、元忠は必死に防いだ。

だが、内応する者が城内から出たことで伏見城は陥落し、元忠も討ち取られた。八月一日のことである。

西軍は伏見城を陥落させたことで、新たな作戦計画を実行に移す。

家康の西上に備えて、近江の瀬田に毛利勢を進ませて防衛線を張っていたが、伏見城の陥落により後顧の憂いがなくなったことで、戦線の前進を決める。越前、美濃、伊勢の三方面に軍勢を進ませて同所を制圧することになった。その後、反転してくる家康を尾張もしくは三河で迎撃する計画だった。

ところが、八月に入ると、上杉討伐軍の軍列に加わっていた諸将が小山評定を受けて東海道を西上し、尾張・三河のラインに到着しはじめる。家康をそのラインで迎撃するプランを立てた三成としては、尾張・三河両国を掌中に収めておく必要があった。よって、清洲城主の正則をはじめ両国に所領を持つ大名への説得を活発に展開。家康から離反させて味方に付けようと目論む。

小山にとどまっていた家康が江戸に向けて出立したのは八月二日のことであった。五日に江戸城へ入ったが、秀忠はそのまま宇都宮に滞陣させた。

五つの攻め口から政宗や義光たちが上杉領に攻め込む構えを見せている以上、包囲された景勝には関東に攻め込む余力まではないと踏んでいた家康だが、依然として江戸を動こうとはしなかった。

その胸中に、大きな不安が渦巻いていたからである。動かなかったというよりも、動けなかった。

長政の奔走により正則たちは寝返らないようだが、西軍に走らないという確証はない。何と言っても小山評定の時とは状況が一変した。豊臣政権の名のもとに討伐される賊軍の将に転落したことのショックは、家康の行動をいっそう慎重にさせていた。

その頃、政府軍たる西軍は順調に進撃を続けていた。輝元も毛利家の版図拡大に余念がなかった。

やがて清洲城に集結した諸将は、江戸を動こうとしない家康に対し、西上を矢のように催促してくる。しかし上杉家が関東には乱入しないという確証もなかった以上、家康としては軽々に江戸を離れるわけにはいかなかった。とはいえ、西上に応じなければ、反政府軍であることへの不安から正則たちが西軍に転じるかもしれない。

はからずも東西から挟撃される構図に陥った家康は、生涯最大の危機に直面したのである。

第4章

東軍の巻き返しと西軍の分裂
——主役の座を奪い返した家康

1　版図拡大を狙った輝元

好戦的な毛利家

秀吉の天下統一により、戦国時代は終わった。国内で領土をめぐる戦乱が起きることはなくなったはずだったが、秀吉が死去すると、情勢は混沌としてくる。家康が秀吉の遺命に背く行動に出たことが発端となり、上方では武力衝突寸前の状況が続いた。

そして、慶長五年（一六〇〇）七月に三成が家康討伐を掲げて挙兵したことを契機に、諸大名は領土拡張を目指して全国各地で戦争を開始する。天下統一前、すなわち戦国の世に逆戻りしたが、これからみていくとおり、西軍総帥の座に就いた毛利輝元の領土欲は特に強かった。

関ヶ原の戦いに帰結する東軍と西軍の戦いは、伏見城の攻防戦で火ぶたが切られた。当初、戦いは西軍主導で進む。

伏見城の陥落後、越前、美濃、伊勢の三方面に主力軍を進ませた西軍は、秀頼のもとに馳せ参じようとしない諸大名の居城制圧を目指す。畿内とその近国にも、東軍に属する諸大名は少なくなかった。

越前には三成の盟友・大谷吉継が向かい、家康に屈服していた前田利長との戦いに入っていく。決戦場となる美濃には三成が出陣し、家康の西上に備えた。伊勢には近江の瀬田から転じた毛利勢に加えて、土佐国の浦戸城主・長宗我部盛親、肥前国の佐賀城主・鍋島勝茂、奉行の長束正家、豊臣家旗本衆が向かった。

まずは、関ヶ原の戦いの動向を左右した、毛利勢の伊勢における動きからみていこう。

伊勢の諸大名の大半は西軍に属したが、上杉討伐の軍列に加わっていた安濃津城主・富田信高、松坂城主・古田重勝たちは、帰国して抗戦の構えを示した。よって、八月二十四日より、安濃津城と松坂城の陥落を目指す西軍の攻撃が本格化する。

安濃津城はわずか千八百人ほどの寡兵で善戦するが、多勢に無勢だった。毛利秀元、吉川広家、安国寺恵瓊が率いる毛利勢主力の猛攻を受け、翌二十五日には開城を余儀なくされる。城主・信高は剃髪し、高野山に入った。

この直後、輝元は安濃津城を陥落させた毛利勢の働きに満足する旨の書状を認めている。その好戦的な姿勢は明らかだった。

松坂城主の重勝は西軍の大軍を前にして形勢の不利を悟り、和睦を申し入れることで時間稼ぎをはかった。その後、主力の毛利勢などが決戦場の美濃に急行したことで西軍の攻撃は弱まり、松坂城を陥落させられないまま関ヶ原当日の九月十五日を迎える。

畿内とその近国で攻城戦が長期化した城はほかにもある。細川忠興の実父・幽斎が城主だった丹後国の田辺城もそのひとつだった。

七月二十日より、丹波国の福知山城主・小野木公郷率いる一万五千の軍勢による攻城戦がはじまったが、わずか五百の兵で籠城する幽斎の抵抗は激しく、城は容易に落ちなかった。戦いは二か月近くにも及ぶが、同じく多勢に無勢であり、勝敗の行方は明らかだった。

幽斎は当代きっての文化人としても知られていた。そのため、田辺城攻防戦により幽斎を失うことで伝統文化が被るダメージを危惧した公家たちは、その助命を強く求める。

そうした動きを背景に、時の後陽成天皇は勅使を幽斎のもとに派遣し、西軍と講和を結ぶよう命じた。関ヶ原の戦いの二日前にあたる九月十三日のことであった。勅命を受けた幽斎は開城したが、一万五千もの大軍を田辺城に釘付けにしたことは東軍にとって実に大きかった。その分、西軍は関ヶ原での決戦で戦力減を強いられたからである。

四国への侵攻

輝元は、三成の勧誘に乗って西軍総帥の座に就いた。家康に代わり豊臣政権を主宰する立場となったが、三成の誘いに乗った理由は、家康による内政干渉への危機感や政治的野心だけではない。

領土拡張への並々ならぬ野心が輝元を動かしたのである。その証拠に、毛利勢の主力を伊勢に向かわせて家康との決戦に備えさせる一方で、四国や九州にも食指を動かす。毛利勢を渡海させ、版図拡大を目論んだ。

従来あまり注目されることがなかった、毛利家による四国侵攻の様子をみていこう。四国は讃岐・阿波・伊予・土佐の四国から成るが、讃岐を領国とする生駒親正《いこまちかまさ》と阿波を領国とする蜂須賀家政が東軍、土佐を領国とする長宗我部盛親が西軍に属した。複数の大名により分割統治された伊予では、家康に従って上杉討伐に従軍した松山城主・加藤嘉明と今治城主・藤堂高虎が東軍に所属。それ以外の大名は西軍だった。

毛利勢の侵攻が明らかなのは阿波と伊予である。

蜂須賀家政は嫡男・至鎮《よししげ》の妻に家康の養女を迎えていたことから、三成の挙兵に輝元や奉行衆が呼応したことに批判的だった。至鎮も上杉征伐に従軍し、小山評定後も東軍にとどまって正則たちと行動をともにした。

よって、大坂にいた家政は豊臣政権から咎められ、逼塞《ひっそく》の処分を受ける。その後剃髪を命じられ、高野山に追放された。

阿波は領主不在の国となったが、輝元は西軍総帥として毛利勢を渡海させる。伏見城攻城戦のさなかの七月二十九日、奉行衆と連署で家臣・佐波弘忠に阿波占領を命じた。

渡海した毛利勢は徳島城の占領に成功する。そして関ヶ原の戦い後の九月二十五日まで、阿波は毛利勢の占領下に置かれた。だがこの二十五日、毛利勢は輝元の命令を受けて蜂須賀家に徳島城と城下町を引き渡し、阿波から撤退している。言うまでもなく、西軍が関ヶ原で敗北したからであった。

伊予は毛利家と深いゆかりがあった。毛利元就が陶晴賢《すえはるかた》を破ったことで知られる厳《いつく》島《しま》の戦いでは、伊予の村上水軍が味方に付いたことが元就勝利の大きな要因となる。その後、長宗我部家を服属させた四国征伐での軍功により、小早川隆景は秀吉から伊予を与えられた。毛利家の強い要望に応えた形であり、それだけ毛利家は伊予を領有することに執着していた。

ところが、島津家を服属させた九州征伐の論功行賞で、秀吉は筑前と筑後を隆景に与えたものの、伊予は取り上げてしまう。

瀬戸内海沿岸の周防・安芸・備後などを領有する毛利家としては、伊予を手に入れることで制海権を強化できる狙いがあった。引き続き伊予の領有に執着してきたが、西軍総帥の座に就いたことで、絶好の機会が巡ってくる。

輝元が狙いをつけたのは、東軍に属した加藤嘉明と藤堂高虎の所領だった。西軍総帥の立場を最大限利用し、伊予にも毛利勢を送り込む。九月十日頃、毛利勢は広島を出立し、当主不在の加藤領へと向かった。その際、村上水軍も動員されている。

上陸した毛利勢は三津浜で野営したが、同十七日に加藤勢の奇襲を受ける。激戦となり両軍ともに多くの死傷者を出したが、その後十九日にも再び両軍は激突する。このように、伊予では関ヶ原の戦い後も戦闘が続いていたが、翌二十日に五日前の関ヶ原の戦いで西軍が敗北したとの報が入る。そのため、毛利勢は伊予からも撤退した。

輝元は藤堂領にも目をつけたが、直接軍勢を派遣することはなかった。隆景の領国時代に家臣団に組み込んでいた国人領主たちを味方に引き入れることで、藤堂領を掌中に収めようとはかる。

藤堂家の支配に不満を持つ国人領主たちを蜂起させることで、戦わずして目的を果たそうとしたのだ。その狙いどおり彼らは蜂起したが、藤堂家により鎮圧されてしまい、輝元の目論見は失敗に終わる。

なお、毛利勢の関与は不明だが、讃岐も西軍の支配下に置かれた。高松城主・生駒親正は嫡男・一正が上杉討伐に従軍し、関ヶ原の戦いでも東軍として参戦した。蜂須賀家と同じ政治的立場にあったが、それが仇となる。同じく豊臣政権から剃髪を命じられ、高野山に入っている。

九州への侵攻

次は九州侵攻である。

下関海峡を挟んで毛利領の長門国と向かい合う豊前国は、毛利家と因縁の深い国だった。かつて元就は豊前の門司城をめぐり、豊前・豊後などを領国とした戦国大名の大友宗麟《そうりん》と数度にわたり激しい争奪戦を繰り広げたこともあった。

瀬戸内海の制海権強化を目論む毛利家は豊前にも執着していたが、秀吉の九州征伐後、毛利家は門司城を失う。秀吉の家臣で小倉城主に封じられた毛利吉成に門司城は与えられた。吉成は旧姓森で、小倉城主として九州に入った際に秀吉から毛利姓に改めるよう命じられている。

三成の挙兵を受けて西軍に属した吉成は、輝元や奉行衆からの指示を受け、熊本に派遣された。加藤清正を西軍に引き入れるためだったが、失敗に終わる。逆に、東軍に属した黒田長政の父・如水のため自領が侵攻される危機に陥った。

よって、輝元は如水の侵攻を防ぐことを名目に毛利勢を豊前に渡海させ、吉成つまり西軍の城である門司城そして小倉城を占領する。関ヶ原の戦い後の十月上旬まで、同城は毛利勢の占領下にあった。豊前への執着の強さが浮かび上がってくる。

輝元の食指は豊後にも及んだ。

豊後は大友氏の領国だったが、宗麟の跡を継いだ息子・吉統《よしむね》の代に改易されてしまう。文禄の役で吉統が占領中の鳳山城を放棄したことが敵前逃亡とみなされて秀吉の怒りを買い、所領が没収されたのだ。吉統の身柄は輝元に預けられた。大友家臣団は再起の時を待つ。

そして、今回の三成挙兵を受け、西軍に参加して軍功を挙げることで旧領の豊後を取り戻そうと考える。これは、輝元の意向でもあった。

吉統の任務は、豊後に赴き加藤清正や、豊後杵築《きつき》にも所領を持つ細川家の家老・松井康之を西軍に引き入れることだったが、調略に失敗する。よって、吉統は旧臣たちを糾合し、康之が籠もる杵築城に攻め寄せた。

またたく間に三千余に膨れ上がった大友勢の攻撃により、杵築城は落城寸前となる。九月十日のことである。

だが、中津城を出陣した黒田如水が救援に向かってくると知った吉統は、杵築城の囲みを解く。そして十三日に石垣原で如水と決戦に及ぶが、大敗を喫した。

同十五日、吉統は如水に降伏し、豊後の領主への返り咲きは夢と消える。奇しくも関ヶ原の戦い当日であった。

旧領主・大友家の再興運動をバックアップする形で豊後にも影響力を行使しようとした輝元の目論見も、ここに潰えた（光成準治『関ヶ原前夜』）。

東北での戦い

輝元は西軍総帥の座を最大限に利用して四国や九州にも毛利勢を派遣したが、こうした軍事行動は、知らず知らずのうちに毛利勢つまりは西軍の兵力分散につながっていた。その分、決戦場の関ヶ原に送り込める西軍の兵力は減少し、敗因のひとつにもなる。だが、それだけ輝元の領土欲は強かったのである。

ただ、領土欲が強いのは別に輝元に限ったことではない。そうした事情は上杉景勝も同じだった。

先述のとおり、三成と景勝（兼続）の間に東西挟撃の事前密約などはなかったが、三成が挙兵したとなれば、家康は共同の敵となる。三成と景勝が互いに提携を模索するのは自然の流れであり、三成としては景勝が関東に攻め込むことを期待した。その要請もしているが、上杉家による関東侵攻は家康が最も恐れたことであった。
しかし、景勝の立場からすると、上杉領を虎視眈々と窺う伊達政宗や最上義光の動きが気がかりである。政宗たちと和睦をする、あるいは屈服させることが関東侵攻の前提になっていた。

小山評定の前日にあたる七月二十四日、政宗は上杉領の白石城を奪取する。もともとは伊達家の所領であったが、秀吉に取り上げられたため、当時は上杉領に属していた。

秀吉に取り上げられた旧領の回復を強く望む政宗は、上杉討伐に加わることで、その悲願を達成しようと密かに目論んでいた。手始めに白石城を奪取したが、家康は三成挙兵を受けて会津攻めを急遽中止する。西上に備え、江戸に戻った。

政宗からすれば、家康率いる討伐軍が五つの攻め口から攻め込むことが上杉領侵攻の前提だった。その前提が崩れた以上、このままでは景勝と単独で戦う羽目となる。

百二十万石の景勝に対し、政宗の身上は六十万石ほどで、半分しかない。家康が攻め込まなければ、逆に上杉勢が伊達領に攻め込んでくるかもしれず、防禦体制の強化は必須だった。

よって政宗は、白石城に若干の守備兵を残し、軍勢を上杉領から引き揚げてしまう。八月十四日のことであった。

家康としては、政宗が景勝に対する牽制役を引き続き務めてくれることを期待していた。だが、上杉領から軍勢を引き揚げてしまっては、余裕が生まれた景勝が関東に攻め込んでこないとも限らない。

同月二十二日、家康は政宗に宛てて、秀吉に取り上げられた刈田、伊達、信夫郡など旧領約五十万石を与える旨の書状を送っていた。旧領と合わせれば伊達家の所領はゆうに百万石を超えるため、この時の家康の書状は「百万石のお墨付」と称されている。その約束が果たされることはなかったが、政宗が牽制役を務めてくれることを、それだけ家康は期待していたのである。

上杉領に攻め込んだのは政宗だけではない。最上義光も同様で、上杉領の出羽国酒田城を攻めている。そのため、景勝は対抗策として兼続に約三万の兵を授け、最上領に侵攻させた。九月九日に米沢を出陣した兼続率いる上杉勢は最上勢と激戦を繰り返し、ついに義光の居城・山形城に近い長谷堂城を囲んだ。政宗は義光の要請に応え、援軍を送っている。

ところが、西軍が関ヶ原で敗北した報が同月二十九日に入ると、形勢不利を悟った兼続は撤退を開始し、上杉勢は最上領から引き揚げてしまう。阿波や伊予に向かった毛利勢が敗報に接して撤退したのと、事情はまったく同じだった。

結局のところ、景勝は関東に攻め込むことはなかった。それよりも所領の拡大そして維持を優先したのである。

2 家康の賭け

西軍に参加した真田昌幸

三成が家康討伐を目指す挙兵に踏み切れたのは、毛利家に強い影響力を持つ安国寺恵瓊の助けも借りて輝元の担ぎ出しに成功したからである。輝元も三成の誘いに乗り、家康に代わって豊臣政権を主宰する立場に就こうと目論む。その裏には旺盛な領土欲が秘められていた。

時系列から言うと、三成は恵瓊を通じて輝元の賛同を得た後、政権中枢を担う吏僚として復帰していた大谷吉継に挙兵計画を打ち明け、仲間に引き入れる。その後、輝元の軍事力を背景として、秀頼を奉じる三奉行を家康から離反させ、併せて豊臣政権の名で家康討伐を布告させた。挙兵の噂が広がりはじめてからわずか数日で家康を失脚させたのであり、まさしく電光石火の軍事クーデターに他ならなかった。

三成のクーデターが成功した最大の要因は、挙兵計画を徹底して秘匿したことに求められる。三成とともに挙兵の謀主となる吉継でさえ、その計画を三成から打ち明けられたのはクーデター決行の半月前であった。

同じ釜の飯を食べた朋輩の奉行衆などは、挙兵の動きに困惑し、家康の力を借りて封じ込めにかかったくらいである。それだけ、極秘裏に計画を進めていたのだ。

三成は失脚後も、家康打倒に闘志を燃やしていたのだろう。だが、家康が大坂城にいて秀頼を奉じている限り、それは叶わぬ夢であった。その状態で挙兵しても、秀頼を握られている以上、賊軍の将として討たれてしまう。

三成としては、秀頼を家康から引き離すことが挙兵の前提だった。いわば「死んだふり」をして、家康が大坂を離れる日を一日千秋の思いで待つ。そして、挙兵情報が漏洩しないよう細心の注意を払った。

その甲斐あって、家康を出し抜くことに見事成功するが、味方には唐突感、というよりも不信感を抱かせる結果となる。家康の嫡男・秀忠の軍勢を釘付けにして関ヶ原の戦いに遅参させたことで知られる信濃国の上田城主・真田昌幸も、そんな一人だった。

かつて、昌幸は所領問題で家康に煮え湯を呑まされたことがあった。自力で勝ち取った上野沼田領を敵対していた北条家に割譲するよう一方的に命じられた折、これを拒否したことで合戦に及んでいる。いわゆる第一次上田合戦である。

こうした一連の因縁から、昌幸は家康のことを快く思っていなかった。だから、必ずやこちらの味方に付くに違いない。三成はそう踏んでいた。

さらに言えば、昌幸の次男・信繁《のぶしげ》（幸村）は挙兵の謀主となった吉継の娘を妻に迎えていた。そんな姻戚関係からも、味方に加わるはずだ。

七月十七日、三奉行は連名で、「内府ちかひの条々」を昌幸にも送っている。西軍参加を呼びかけたが、三成は挙兵への呼応を求める書状を別に出している。

三成が予想したとおり、昌幸は西軍参加の意思を示すが、事前に計画を打ち明けられなかったことには不快感を隠せなかった。そのため、三成は七月晦日付の書状で次のような趣旨を述べて弁明している。

今回の挙兵の件、事前にお知らせしなかったことに御立腹されているのは止むを得ません。家康が大坂にいる間、諸将の心底が測りがたかったため、お話しするのを遠慮していました。たとえ密かにお知らせしたとしても、上方での挙兵が成功しなければ昌幸殿一人が知っていても詮なきことと思っていました。でも、挙兵が成功した今となっては後悔しています。（『真田家文書』）

家康の専横ぶりを快く思わない諸大名はいるものの、豊臣政権を牛耳られているため、みな沈黙するばかりである。家康により、大老や奉行が次々と粛清されていたことが大きかったが、これでは心底が読めない。

挙兵計画を諸将に打ち明けて味方に引き込みたいのはやまやまだが、家康の威を恐れて内通しないとも限らない。そもそも、奉行衆や輝元を味方に付けて秀頼を奉じることができなければ挙兵など成り立たない。どうか、そんな裏事情を了解してほしいという三成の気持ちが滲み出ている書状であった。

三成の苦衷がよく伝わってくるが、味方に不快感を持たせるほどであるから、挙兵情報はまったくと言ってよいほど漏洩しなかったことは明らかである。挙兵当の家康にとっても、三成挙兵とはまさに寝耳に水だった。敵である家康をだますには、まず味方の昌幸からというのが三成の戦略だったのかもしれない。

三成の戦略

三成の作戦計画はどのようなものだったのか。昌幸に宛てた書状から、その戦略を推測してみる。

同じく七月晦日付の書状では、家康が豊臣政権から討伐される立場になったことで、上杉討伐の軍列に加わっていた諸将が居城に戻りはじめた様子が取り上げられている。西軍としては、その帰路にあたる尾張・美濃のラインで待ち構え、秀頼に対して粗略なことがないよう説得した。要するに、家康討伐軍である西軍への参加を求めたのである。

翌日に伏見城は陥落するが、三成は早くも戦後処理について考えはじめている。この書状では次のような構想も開陳された。

今年の暮から来年の春にかけて、関東の仕置のため軍勢を派遣する予定である。八月中に九州・中国・四国など西国諸大名の軍勢を近江に着陣させる。

家康を討ち果たすか屈服させるか、いずれにせよ討伐は間もなく完了するとみて、戦後処理を構想しはじめたのである。自分たちは政府軍で、家康率いる上杉討伐軍は反政府軍になった以上、勝利は疑いないという自信に満ちていた。

家康の所領を取り上げて、その旧領（予定）を軍功のあった他の大名に振り分けることになるが、当然ながら抵抗が予想された。よって、戦後処理を執行するための軍勢を派遣する。具体的には西国の大名を派遣することとし、まずは八月中に近江に着陣させる。その後、関東へ向かわせる予定であった。

八月五日付書状には、上杉討伐の軍列に加わっていた諸将が尾張・三河まで戻ってきたこと、西軍への参加を説得中であることが記されている。正則たちが西軍との戦いのため、反転して東海道を西に向かい、尾張・三河のラインまで到着したことを三成は把握していた。

やがて反転してくる家康を尾張・三河のラインで迎撃するプランを立てた三成とし

ては、尾張・三河を掌中に収めておくことが不可欠であった。そのため、清洲城主の正則をはじめ両国に所領を持つ大名を説得したわけだが、重要視していたのは正則の動向だった。

岐阜城主の織田秀信と相談して尾張に出陣する予定である。正則には西軍に加わるよう説得中であり、正則が説得に応じればそのまま三河に攻め込む。応じなければ、伊勢制圧中の西軍の軍勢とともに清洲城を落とす。

実際の三成の行動は、八月九日に兵六千を率いて近江佐和山城を出陣し、美濃に入っている。十一日には大垣城に入城し、小西行長や島津義弘とともに美濃の制圧を目指した。併せて、正則たちを味方に付けようと説得工作を試みている。

佐和山城出陣前にあたる八月六日付の書状では、家康の西上は困難という見通しを示しつつ、万一西上してきた場合の対応策を開陳する。

家康は会津の上杉景勝や常陸国の水戸城主・佐竹義宣に備えるため、三万の兵を領国内の十五の城に振り分ける必要がある。上杉討伐軍に加わっている豊臣家諸将にしても、秀吉に対する二十年来の恩を捨てて家康に味方し、秀頼を粗略に扱うはずはない。大坂で人質に取られている妻子を見捨て、家康に従うであろうか。それでも家康が豊臣家諸将を率いて西上してくるならば、尾張・三河の間で討ち取るつもりだ。

三成の戦略の前提には、家康を牽制する景勝たちの存在があった。よって、家康が西上できるはずはなく、たとえ西上しても、関東を守る三万の兵を差し引いたわずかの人数である上に、従う諸将も少ないであろうから、討ち取るのはたやすいと見込んでいた。

募る家康の焦燥

三成が昌幸に宛てた書状は、彼を味方に引き留めるため、いわば景気よく書かれている点は否めない。その分割り引いて読む必要があるが、秀頼を奉じることに成功した三成が自分の打つ手に自信を持っていたことは間違いない。

この頃には昌幸を通じて景勝と連絡が取り合えるようになっており、東西挟撃の構図が実現していた。すなわち、家康の西上は困難、つまりは江戸を動けないという前提で、三成は戦略を立てることができた。家康が江戸を留守にして西上できない状態が続けば、依然として家康のもとにとどまる東軍の正則たちも、いずれは西軍に付くはずだと楽観的に考えていた。

一方、江戸にとどまる家康は依然として不安を隠せないでいた。黒田長政が請け合ったとはいえ、正則たちに全幅の信頼を置くわけにもいかなかった。三成が東軍諸将に対し、秀頼をバックにする形で西軍への参加を呼びかけていたからである。

景勝への牽制役を期待した伊達政宗にしても、全幅の信頼を置くことができない事情は同じだった。実際、上杉領の白石城を奪取したにも拘らず、家康が会津攻めを中止すると、守備兵を残して上杉領を引き揚げてしまった。

さらに、家康の敵は景勝だけではなかった。同じ関東の水戸城主・佐竹義宣の動向にも不安を隠せなかった。

先の会津攻めにおいて、義宣は仙道口の主将として上杉領に攻め込む予定だったが、裏では景勝に通じていた。いわば、踏絵とも言うべき家康からの人質要求を拒否したからである。景勝つまり西軍に属するか否かはともかく、家康率いる東軍に属することは拒否した。

家康が関東の太守となる前から、義宣は三成を通じて豊臣政権と誼《よし》みを通じていた。天下統一後は三成をパイプ役とすることで領国・常陸の維持を目論んだため、三成とは非常に親密な関係にあった。

三成としては、義宣が景勝とともに家康への牽制役を務めてくれることを大いに期待した。八月十日付の義宣宛て書状では、景勝とともに関東の徳川領に攻め込んで家康を討ち果たしてほしいと依頼している。

これでは、家康が江戸城から動けなかったのも無理はない。秀忠率いる徳川勢も宇都宮から動かすことはできなかった。景勝だけでなく、義宣の動向も監視する必要があったからだ。

こうして家康は、正則たちから西上を要請されても動くに動けなくなってしまう。ここまでは三成の狙いどおりである。

そんな不安定な心境を示すように、家康は江戸にとどまっている間、現存するだけで百二十二通もの書状を認めている。その約半数は会津攻めの中止により西上の途に就いた諸大名宛てで、二割強が上杉家包囲の役割を担った東北などの諸大名宛てだった。

その特徴だが、何と言っても正則と政宗宛ての書状が多く（桐野作人『謎解き 関ヶ原合戦』）、両人の動向に神経質になっていた家康の焦燥が浮かび上がってくる。よって、政宗に与えた「百万石のお墨付」に象徴されるように、過大な恩賞を持ちかけることで味方に引き留めようとはかった。

しかし、家康を江戸城出陣に踏み切らせる出来事が、はからずも決戦地となる美濃で勃発する。それは三成の戦略が破綻したことも意味していた。

東軍諸将に示した踏絵

家康が江戸にとどまっている間、戦況は東軍に不利に進んでいく。

越前、美濃、伊勢の三方面から主力軍を進ませた西軍のうち、東海道を西上してきた東軍と対峙したのは美濃方面担当の三成たちである。大垣城に入った三成は岐阜城主の織田秀信たちを味方に付けることに成功し、美濃を制圧した。

一方、小山から取って返した東軍諸将は、正則の居城・清洲城に集結していた。美濃の西軍諸将と対峙しつつ、家康の到着を待つ構えをとったが、家康は江戸を出陣しようとはしなかった。小山評定の時にはすぐさま跡を追うと確約したものの、江戸城に戻るとそのまま動かなかったのであるから、東軍諸将の間に家康への不信感が広がるのは避けられなかった。

そうしたなか、美濃を制圧した三成たちからは、尾張まで戻ってきた東軍諸将に対し、西軍参加を促す説得工作が活発に展開される。西軍からの切り崩しに遭って、動揺した諸将は少なくなかったはずである。

そもそも、小山評定の時に家康から聞かされたのは、三成と吉継が謀議して家康討伐の狼煙を上げたという話だけだった。輝元が加わったことも知ってはいたが、奉行衆つまり豊臣政権の名で家康討伐の布告が出されたことまでは知らなかった。知らないまま、三成たちを討伐するため西上の途に就き、その後、家康が賊軍の将に転落したことを知る。

小山評定の時とは、まるで状況は変わった。家康に味方したままでは、豊臣政権への叛逆行為として自分まで討伐の対象となる。政府軍に所属していたはずが、反政府軍の一員となっていたというわけだ。

もちろん、人質になっている妻子のことも心配だった。ところが、肝心の家康は江戸城から腰を上げようとはしなかったため、不信感が拡大したのである。

正則などは、家康は自分たちを捨て石にするつもりなのかと言い放ったという。三成たちと戦わせて双方を疲弊させ、漁夫の利を得ようと企んでいるのではないか。東軍諸将の間に動揺が広がっていたことがよくわかるエピソードと言えよう。

景勝や義宣への備えのため江戸を動けないとはいえ、この状況を放置していては正則たちが西軍に寝返りかねない。さりとて、その真意は疑わしい。本当に家康のために戦う気があるだろうか。何よりも、寝返る気持ちなどないことを証明してほしいものだ。家康はそんな気持ちで、ある賭けに打って出る。

家康の意を受けた側近の村越茂助が東海道経由で清洲城に入ったのは、八月十九日のことである。そして居並ぶ東軍諸将の前で、家康の言葉として次のように言い放ったと伝えられる。

正則たち豊臣家諸将が美濃に陣取る敵を前にして何も攻撃しないため、家康は出馬できない。攻撃を仕掛けるなら、すぐさま出陣する。自分の敵なのか、あるいは味方なのかの証拠を見せてほしい。

正則たちに対して不信感を露《あらわ》にすることでわざと怒らせ、西軍を攻撃させようとした家康の豪胆さと深謀遠慮ぶりを伝えるエピソードとして語られるのが定番だが、はからずも家康の焦燥が滲み出ているエピソードと解釈した方が、より正確だろう。激励というよりも挑発に近い家康の言葉に発奮した諸将はすぐさま軍議を開き、美濃の西軍に攻撃を仕掛けることを一決した。ひとつ間違えば、逆の結果、つまりは東軍からの離反の引き金にもなりかねない危うい綱渡りだった。家康の賭けは、あくまで結果オーライだったのである。

3 家康と三成、それぞれの誤算

戦況を一変させた岐阜城陥落

正則たちは西軍に寝返る意思などないことを証明するため、西軍に対する軍事行動を開始した。その主たる攻略目標は岐阜城だった。

城主の織田秀信は信長の嫡男・信忠の忘れ形見である。明智光秀の襲撃を受けた本能寺の変の折、織田家の家督を既に継いでいた信忠は信長とともに自害に追い込まれた。その後、秀吉により光秀が討滅されると、織田家の重臣たちが清洲城に集まって織田家の跡目を決める運びとなる。世に言う清洲会議だ。

清洲会議の結果、当時「三法師」と呼ばれた秀信が織田家を継ぐことが決まる。秀吉による天下統一後は、豊臣政権下の大名として改めて位置付けられ、祖父・信長が居城としていた岐阜城を与えられた。

今回の上杉討伐に伴い、秀信にも家康主宰の豊臣政権から動員令がかかった。よって、会津出陣の準備をしていたが、そこに三成挙兵の報が入る。その勧誘に応じて、西軍に属することを決めた。

秀信は十三万五千石の身上で、動員力は五千人強。三成は石田勢千人を加勢に送っており、堅牢をうたわれた岐阜城の守りは盤石のはずだった。

ところが、秀信は籠城せず野外決戦に打って出てしまう。清洲城に集結していた東軍諸将は総勢三万五千人に達していた。

正則たちは木曽川を二手に分かれて渡河し、一路、岐阜城を目指す作戦である。八月二十一日、正則たちは清洲城を出陣した。

秀信は、東軍の渡河を防ぐため木曽川沿いに防衛線を張ったが、迎え討つ西軍の備えはどうだったのか。

西軍は総勢十万人余にも達しようとしていたが、美濃方面の軍勢は非常に少なかった。大垣城に入っていた三成、小西行長、島津義弘たちの軍勢を合わせても一万四千人ほどに過ぎず、岐阜城に向かった東軍の半分にも満たなかった。

西軍は畿内とその近国の制圧を目指し、伊勢、美濃、越前のほか丹後などにも軍勢を派遣していた。主力の毛利勢に至っては、渡海して四国の阿波や伊予、九州の豊前にも侵攻した。しかし、大軍を頼みに兵を各所に分散した結果、決戦地となった美濃に配備する兵が知らず知らずのうちに減っていた。

これは戦略ミスと言ってよい。秀頼を奉じることで政府軍となった三成としては、正則たちが西軍に寝返ってくると楽観視していたのかもしれない。家康は景勝に牽制されて西上できない以上、それは時間の問題と思ったのだろう。いずれにせよ、三成に驕りがあったことは否めない。

二十一日夜から翌二十二日にかけて両軍は開戦となるが、兵力の差はいかんともしがたく、東軍は木曽川の渡河にやすやすと成功する。防衛線を突破された織田勢は敗走を余儀なくされた。緒戦の敗退により、織田勢では逃亡が相次ぎ、秀信は籠城に追い込まれる。

そのため、同日夜に三成のいる大垣城に向けて援軍を要請した。大垣城からは石田勢が出撃してきたが、長良川の合渡《ごうど》で東軍の黒田長政たちの軍勢に大敗を喫してしまう。

孤立無援となった秀信は正則たちの猛攻の前に、早くも二十三日には降伏のやむなきに至る。一命を助けられた秀信は剃髪の上、高野山にのぼった。

正則たちは岐阜城を落とした勢いで中山道に入り、さらに西に進んだ。赤坂宿を占領して、ここを東軍の陣所と定める。家康の本陣も設営し、その到着を待つ構えをとった。

赤坂は三成のいる大垣城と四キロほどしか離れていなかった。まさに目と鼻の先にまで東軍は前線を進め、三成と睨み合いの状態に入ったのである。

中山道経由で西上を開始した徳川秀忠勢

正則たちの美濃侵攻により、開戦からわずか二、三日で岐阜城が陥落したことは戦況を一変させる。当初の余裕が消え失せた三成は、伊勢侵攻中の毛利勢を率いる恵瓊や越前侵攻中の吉継に急使を送った。決戦場となる美濃に兵力の集中をはかったのだが、では江戸の家康はどうしていたのか。

清洲城に派遣した村越茂助が江戸に戻ってきたのは、二十二日のことである。いきり立った正則たちが西軍への攻撃を開始すると知った家康は安堵しただろう。ただ、岐阜城がわずか二、三日で陥落するとは思わなかった。

ともかくも、家康は正則たちが西軍に寝返ることはないと踏んだ。家康に重くのしかかっていた不安のひとつはなくなる。攻撃を仕掛けるなら、すぐさま出陣すると伝えた以上、早晩江戸城を出陣しなければならない。

家康にはもうひとつ不安があった。景勝や義宣の動向だが、関東に攻め込んでくる様子はみられなかった。

上杉領を窺う伊達政宗や最上義光による牽制が効いた格好だが、景勝自身、関東の徳川領に侵攻するよりも、同じ東北の伊達領や最上領を奪い取ることに執着していた。実際、最上領に侵攻したことは既に述べた。

西軍勝利に結びつく関東乱入よりも、自分の所領拡大を優先させたい。家康も同じ戦国大名として、景勝の心底はわかっていたはずだ。

正則たち諸将の心底を見定めた翌日にあたる二十三日、家康は景勝に睨みを利かせるため宇都宮に滞陣中の嫡男・秀忠に対し、中山道経由で西上するよう命じた。二十四日、秀忠は徳川勢三万数千を率いて宇都宮を出陣する。

もちろん、景勝たちによる関東侵攻の可能性が消えたわけではない。よって、秀忠の異母兄で宇都宮城主の結城秀康をして、景勝への牽制役を務めさせることとした。

さて、秀忠に中山道を西に向かうよう命じたのは、決戦地の美濃に直接向かうことが目的ではなかった。まずは信濃平定が、秀忠に与えた使命であった。

信濃には西軍に属する上田城主・真田昌幸がいた。昌幸を降伏させて信濃を平定した後は中山道を西に進み、美濃に向かうことになっていた。

秀忠が中山道を進軍するのに合わせ、家康も同じく徳川勢三万数千を率いて江戸城を出陣。東海道を経由して美濃に向かい、秀忠勢と合流した上で西軍との決戦に臨む計画であった。

東海道経由で急遽出陣した家康

ところが、秀忠に信濃平定を命じた直後の二十七日に、家康は岐阜城陥落の報に接する。堅城として知られた岐阜城が、これほど早く落とせるとは夢にも思わなかっただろう。想定外の事態だったに違いない。

その上、正則たちは三成のいる大垣城間近まで迫ったという。正則たちだけで三成まで屠《ほふ》ってしまっては、豊臣政権の独裁者として君臨していた自分の面目は丸潰れである。正則たちに与えた薬があまりに効きすぎたといったところだろう。

よって、家康は正則たちに戦闘停止を指示する一方、急ぎ出陣せざるを得なくなる。自分が到着するまで、三成たちと決戦させてはいけなかった。万一、到着前に勝負がついてしまっては、豊臣家から討伐対象とされたことで失墜した自身の権威が取り戻せない。

従来のイメージでは、正則たち豊臣家諸将による美濃侵攻そして岐阜城陥落の報に接するや、満を持して三成討伐のため勇躍出陣という印象が強いが、実際はそんな悠長なものではなかった。

早晩、家康は江戸城を出陣するつもりではあった。正則たちとの約束は果たさなければならないからである。

そのため、九月三日を出陣予定日としていたが、岐阜城陥落の報に接すると、予定を早めて同月一日に繰り上げた。予想だにしなかった戦局の急転に対する家康の焦りが滲み出ている。

こうして予定を早めて江戸城を出陣することになった家康は、秀忠にも急使を立てる。昌幸を屈服させて信濃を平定するよう先に指示したわけだが、急ぎ美濃に向かうよう命じた。

八月二十九日、家康は西上中の秀忠に向けて使番の大久保忠益を派遣したが、その頃、徳川勢を率いる秀忠はどこにいたのか。

前日の二十八日、秀忠は碓氷峠《うすいとうげ》が目前に迫る上野の松井田に到着していた。碓氷峠を越えれば信濃である。九月一日に軽井沢、翌二日には小諸に到着し、上田城に籠もる昌幸に対して降伏を勧告した。

本来ならば、この頃には家康が派遣した急使は秀忠のもとに到着していなければならなかったが、ここで計算違いが生じる。

途中、大雨で利根川が大増水して川止めとなった結果、忠益が家康の命令を秀忠に伝えるのが大幅に遅れてしまったのだ。小諸に陣を構える秀忠のもとに忠益が到着したのは、九月九日のことであった。家康は東海道を順調に西上し、既に三河の岡崎まで進んでいた。

このように、三成、家康双方とも想定外の事態に見舞われていた。計算違いが生じたまま関ヶ原の戦いへと雪崩込《なだれこ》むのである。

4　毛利家への調略

毛利家内部の路線対立

三成が清洲城に集結する正則たちに西軍への参加を促していた頃、東軍も西軍諸将に対して寝返りの工作を繰り広げていた。輝元、秀家、そして関ヶ原の戦いの帰趨を決めた筑前国の名島城主・小早川秀秋たちが主たる対象だった。

毛利家からみていこう。

輝元は恵瓊を介した三成からの誘いに乗る形で、家康討伐を掲げる西軍総帥の座に就いた。だが、この決断に強い危機感を抱く者は、毛利家内部では少なくなかった。その筆頭格の人物こそ、恵瓊とは年来不仲の出雲国の富田城主・吉川広家であった。

広家は輝元の従兄弟にあたる毛利一門の重鎮だが、豊臣政権に対しては冷ややかなスタンスをとっていた。叔父の小早川隆景や恵瓊が秀吉の天下取りを支えることで毛利家の領国保全をはかる方針を主導するなか、秀吉にもともと好意を持っていなかった父・吉川元春が、そんな方針に不満を抱きつつ病没したからである。

毛利家内部には豊臣政権に協力的な姿勢をとる隆景や恵瓊、逆に距離を置く広家の二つの流れがあったが、叔父・隆景が死去し、さらに秀吉の死により豊臣政権が弱体化すると、広家は恵瓊と激しく対立するようになる。恵瓊を介して三成との連携を強めつつあった輝元との関係も、微妙なものにならざるを得なかった。

広家は三成の挙兵に呼応することを、輝元から事前に聞かされてはいなかっただろう。事前に話せば反対してくると、輝元は考えたに違いない。

広家は恵瓊とともに、毛利勢を率いて上杉討伐軍に加わることになっていた。そのため、大坂を離れて、居城の出雲富田城にいったん戻る。軍備を整えた上で七月五日に出陣し、十三日に大坂へ入った。

ところが、大坂は三成と吉継による挙兵の噂で不穏な情勢に陥っていた。大坂を不在にしていた広家は事態の急変に驚くが、輝元が三成たちの挙兵に呼応して家康討伐の総帥の座に就くとは夢にも思わなかっただろう。輝元が挙兵騒ぎの張本人であったことは、広家にとって青天の霹靂以外の何物でもなかった。

十七日には、輝元の指示を受けた秀元が、毛利勢を率いて大坂城西丸を占領する。大軍を率いた輝元も、海路大坂に急行してきた。広家は輝元の決断に強い不満を抱くが、毛利勢が家康のいた大坂城西丸に入ってしまった以上、もはやどうにもならなかった。

広家のほかにも、輝元の決断に驚愕した家臣はいたはずだ。輝元の帰国中、大坂屋敷で留守居役を務めていた家臣・益田元祥、熊谷元直、宍戸元次たちも輝元の決断に困惑する。このままでは、毛利家は滅びてしまうのではないか。

広家は同じ危機感を抱く元祥たちと相談し、「輝元は三成挙兵に関与していない。

すべては恵瓊の仕組んだことである」という線で、毛利家存亡の危機を乗り切ろうとはかる。ここに、毛利家臣団は広家に代表される親東軍派と恵瓊に代表される親西軍派に分裂する。第1章で述べたような、毛利家内部のまとまりの悪さが露呈したと言えるかもしれない。

そして、毛利勢を率いて前線に赴くことになっていた広家は、恵瓊たちが決めた方針を現場でひっくり返そうと目論む。東軍と和睦してしまおうと考えたのだ。

それには、何よりもまず家康に事情を説明しなければならない。広家は毛利家の真意を伝えるための密使を送るが、家康その人に直接コンタクトをとったのではない。家康支持で諸将をまとめ上げていた東軍の黒田長政に密使を送り、仲介役を依頼している。

キーパーソンとなった吉川広家と黒田長政

長政の父は秀吉の天下取りを支えた一人として名高い黒田如水（官兵衛）だが、黒田家と吉川家は以前より親しい間柄にあった。元春の跡を継いだ兄・元長が急死した後、弟・広家の吉川家相続に尽力したのは他ならぬ如水だった。

よって、広家は如水そして長政と昵懇《じっこん》であり、この両家の関係が関ヶ原の戦いの行方を大きく左右していく。

広家が長政に送った書状を読んだ家康は、西上の途に就いていた長政に向けて次の書状を送る。八月八日のことであった。

広家からの書状は拝見した。事情は了解した。輝元宛ての起請文で自分とは兄弟であると記したにも拘らず、今回家康討伐を掲げる三成に呼応したため不審に思っていた。しかし、すべては恵瓊が仕組んだことで輝元は何も知らなかったということを広家の書状で知り、満足に思っている。(『吉川家文書』以下同じ)

前年の慶長四年（一五九九）閏三月四日に勃発した加藤清正たち七将による三成襲撃未遂事件の際、輝元は三成の支援を試みている。そのため、奉行職を解いて三成を佐和山に追いやった家康との関係が微妙なものとなるが、同二十一日に起請文を交わして妥協をはかった。今後どのような問題が生じても、別心を抱かず対応すると互いに約した上で、家康は輝元を兄弟、輝元は家康を父兄と称したことは既に述べた。

家康に言わせれば兄弟ほどの親しい関係にあるはずの輝元が、自分を討伐する西軍総帥の座に就いたことに不信感を抱いたが、広家の事情説明を受けて納得したという趣旨の書状だった。本当に家康の真意であったかどうかはわからないが、その書状を読んだ長政は、隣国の伊勢に出陣中の広家に、八月十七日付で書状を送った。家康からの書状の写しも添えられていた。

今回の挙兵は輝元の関知しないところであり、恵瓊ひとりの姦計に乗せられたものという広家の事情説明を家康は了解した。このことを輝元に伝え、再び家康と昵懇の関係になるよう奔走してほしい。開戦となれば自分の仲介も水の泡となるため、この件は迅速に対応してほしい。

この書状は広家のもとにすぐ届けられたはずだ。だが、その返事はなかなか長政のもとに届かなかったのである。

毛利家離反の噂が広がる

敵の家康に内通しようとしていた広家だが、毛利家は西軍の総帥である以上、西軍の作戦計画には当座従わなければならなかった。恵瓊とともに、毛利勢を率いて各地を転戦している。

上方の毛利勢は輝元が在城する大坂に駐屯するほか、当初は近江瀬田に向かってい る。家康が反転して西上してくるのに備えるためだった。伏見城陥落後は瀬田から伊勢に転じたが、主たる攻撃目標は東軍に属する安濃津城であった。

八月二十四日より、秀元、広家、恵瓊率いる毛利勢は攻城戦を開始する。翌二十五日、その猛攻の前に城主・富田信高は開城を余儀なくされた。

時系列からすると、安濃津城攻撃前に広家は長政からの書状を受け取っていたはずだった。ところが、毛利勢は安濃津城攻撃を開始し、猛攻の末に落城させてしまう。家康に内通したいのならば、安濃津城攻撃は自重しなければならないところである。

長政からみると、広家や毛利勢の行動は不可解であり、不信感を抱かざるを得ない。輝元は関知せずとの事情説明を家康が了解済みなことは知っているにも拘らず、なぜ東軍の城を攻撃したのか。返書も来ない。

これでは、二股をかけているのではと長政に疑念を持たれても仕方がなかった。というよりも、自分が家康に疑われてしまうと思ったに違いない。

焦れた長政は、広家に催促の書状を送る。安濃津城が開城した八月二十五日のことであった。

先便で申し入れた件は御承知でしょうか。毛利家を存続させたいというお考えは御尤ですから、詳しく御返事を書いてきてください。家康は駿河府中まで軍勢を進めているとの知らせが今夜入りました。

二十五日の時点で、家康はまだ江戸におり、江戸城を出陣したのは約一週間後であった。長政は嘘をついてまで、東軍に内通するよう決断を迫ったのである。家康が美濃に入り西軍との間で戦闘がはじまった後では、もはや家康に取り成すことはできないと言いたかったのだろう。

二股をかけていたのか、去就に迷っていたのかはわからない。ここでも毛利家家中のまとまりの悪さが影響を与えていたのかもしれないが、ついに広家は決断する。そのきっかけとなったのは、二十三日の岐阜城陥落だったはずだ。

西軍が著しく形勢不利となった情勢を受け、毛利勢を率いる広家は西軍からの離脱を決意し、和睦の交渉に入った。

広家つまり毛利家離反の噂は徐々に広がり、九州にいた加藤清正のもとにも伝わった。九月十六日に加藤清正が如水に出した書状に、広家と小早川秀秋離反の噂が書き留められている。

宇喜多家も調略される

次は宇喜多家である。

輝元とともに大老として西軍の中核を構成する秀家も、その重臣たちが調略を受けていた。旧臣の戸川達安が元同僚にあたる明石全登《てるずみ》に寝返りを促したのである。

既にみたとおり、上杉討伐の直前に、宇喜多家では御家騒動が勃発する。達安たち重臣が秀家による領国支配に反旗を翻したため、豊臣政権の裁定が下される運びとなったが、家康の配慮により総じて軽い処分にとどまった。

とりわけ達安などは流罪と言いながら、配流先は家康の領国だった。流罪とは名ばかりで、家康により身の安全がはかられた格好である。よって、家康に恩義を感じた達安は東軍に属するだけでなく、かつての同僚だった宇喜多家の重臣に調略を施し、東軍への寝返りを策した。

八月十八日、達安は宇喜多勢を率いていた全登に次のような書状を送った。この頃、達安は清洲城、全登は伊勢にいた。翌十九日、家康の使者・村越茂助が正則たちに発破をかけて岐阜城攻撃の運びとなる。

江戸を出立した徳川勢は一両日中に清洲に到着予定。家康も十六日には江戸城を出陣しており、二十五、二十六日には清洲に到着する予定である。合戦が家康の勝利に終わる日は近い。このままでは秀家は滅亡して宇喜多家は改易を免れないが、嫡男・秀高を娘婿にしたいと家康は考えている。秀家による政治では宇喜多家の領国支配が成り立たないのは天下周知のこと。秀家を廃して秀高を擁立することに賛同してほしい。

達安は家康の意向に従い、秀家を廃して秀高を擁立する計画への賛同を求めることで全登の寝返りを策したのである。宇喜多家を内部分裂させ、騒動で弱体化した戦力をさらにダウンさせようとした。

繰り返しになるが、この段階では、家康は江戸城をまだ出陣していない。長政の場合と同じく、達安は嘘をついてまでして東軍に内通するよう決断を迫ったのだ。

しかし、全登は達安の申し出を拒絶する。

家康の勝利が近いとのことだが、こちらでは秀頼の勝利は間違いないと皆が言っている。その後、宇喜多家では上方で名のある武将を数多く召し抱えたので、戦力的には何の問題もなく御心配には及ばない。

達安たち重臣が去ったことで宇喜多家は大幅な戦力ダウンを余儀なくされたが、その後充分に戦力を補強したので案ずるには及ばないと胸を張ったのである。しかし、実際のところは戦力を充分に回復できなかった。

達安は全登以外の宇喜多家重臣にも調略の手を伸ばしたことだろう。こうした調略が宇喜多家に与えた影響は大きかった。

この時期、秀家は国元で城番を務める有力家臣から人質を取っている。それだけ、家臣団の掌握に不安を抱いていた。宇喜多家を去って東軍に寝返るかもしれないというわけだが、その裏では秀家のもとを去った旧臣たちが暗躍していた（光成準治『関ヶ原前夜』）。

迷走する小早川秀秋

最後に取り上げるのは小早川秀秋である。

秀秋は養父・小早川隆景の懇望により同家の養子に迎えられたが、秀吉の甥であったことから、慶長の役では日本軍の総大将となっている。ただし、まだ十六歳であったため、後見役のような形で黒田如水が秀秋を補佐した。

黒田家は吉川家だけでなく、小早川家とも親しい間柄だった。秀秋の重臣・平岡頼勝は如水の妻の姪を妻としていた。如水の重臣・井上九郎左衛門の弟は秀秋の家臣であった。

ところが、秀秋は慶長の役での振る舞いが軍法に背いたとして秀吉の怒りを買う。大幅に減封された上、筑前名島から越前北ノ庄への国替えの処分が下る。

まもなく秀吉は死去するが、豊臣政権を主宰する家康はこの減封命令を反故《ほご》にした。当然ながら、秀秋はこれを喜び、家康と誼みを通じるようになる。その際には長政も仲立ちに立っただろう。ここに、東軍参加への布石が打たれた。

ところが、三成が挙兵すると、秀秋は家康を裏切って西軍に属し、伏見城攻撃に加わった。その真意は定かではないが、家康に強い不信感を抱かせる結果となる。当時大坂は西軍の軍勢で満ちており、大勢に抗しきれず、心ならずも西軍に属したのかもしれない。

八月一日に伏見城を陥落させた後、西軍は毛利勢を主力として伊勢制圧を目指す。秀秋も伊勢に向かうことが決まったが、同十七日に近江国の石部に着陣すると二十七日まで動かなかった。そのため、今度は三成たち西軍首脳部に不信感を抱かせる。

一方、秀秋が西軍として伏見城攻撃に加わったことは、仲介役の長政を困惑させる。本当に家康に味方する気があるのか。

長政は秀秋への働きかけを強める。八月二十八日に、東軍に属する浅野幸長と連名で秀秋に書状を送り、東軍に属するよう求めた。

秀秋は叔母にあたる北政所のもとで養育されたが、そうした事情は長政も同様だった。幸長の母は北政所の妹でもあった。要するに、この三人は北政所との縁が深く、北政所グループと括れるような関係にあったことから、長政と幸長は秀秋に対し、同じグループの自分たちと同一歩調をとるよう求めた。家康に味方するよう説得したのである。

この書状を受けて、秀秋は西上中の家康に内通を申し入れる使者を派遣し、家康も了解することになる。

このように、西軍は毛利家や宇喜多家など軍の中核が東軍側から調略を受けたことで、内部崩壊していた。小早川家に至っては、次章でみるとおり東軍に寝返り、西軍の敗北を決定的なものとしたのである。

第5章

家康に屈服した輝元
——創られた関ヶ原の戦い

1 美濃が決戦場となる

大坂にとどまった輝元の真意

慶長五年(一六〇〇)九月一日、江戸城を出陣した家康は東海道を経由し、決戦場の美濃に向かった。想定よりも決戦の時が早まったため、予定を繰り上げての出陣だった。向かうは、西軍の岐阜城を陥落させて意気上がる東軍が集結する中山道赤坂宿である。

嫡男・秀忠率いる徳川勢は、滞陣していた宇都宮城を出陣し、中山道経由で赤坂に向かった。その途上、西軍の上田城主・真田昌幸を降伏させて信濃を平定することになっていた。

会津の上杉景勝が関東の徳川領に攻め込まないようにするための処置もとった。秀忠の異母兄にあたる結城秀康を宇都宮城に置き、秀忠に代わって牽制役を務めさせた。

三成が狙った東西挟撃の構図は、結局のところその目論見どおりには機能しなかった。家康、秀忠がそれぞれ三万数千の大兵を率いて西上するのを許してしまったからである。

当初の三成の戦略では、反転してくる家康たちを尾張あるいは三河で迎え撃つ計画だった。秀頼を奉じている以上、東軍諸将は雪崩を打って寝返るはずだと楽観視していた。

ところが、尾張清洲城に集結する福島正則たち諸将は、政府軍たる西軍に帰順しようとはせず、逆に美濃に侵攻して西軍の拠点・岐阜城を陥落させてしまう。これにより、尾張・三河のラインで迎撃するプランは完全に崩壊した。それどころか、三成たちが籠もる美濃大垣城も危うくなり、戦局は一変する。

西軍は総勢十万人にも達しようとしていたが、兵力を各地に分散した結果、当時美濃に配置された軍勢は、岐阜城に籠もった兵などを除けば総勢一万四千人ほどに過ぎなかった。岐阜城を落城させた東軍の軍勢の半分にも満たなかったのだ。

三成は伊勢や北陸などを平定中の友軍を美濃に呼び寄せ、兵力の集中をはかる。だが、岐阜城の陥落は離反あるいは日和見《ひよりみ》をする大名を次々と生む。西軍諸将の戦意を喪失させていった。家康の江戸城出陣を早める効果までもたらしたが、三成にとって最大の痛手は毛利家の離反であった。

九月七日、毛利秀元、吉川広家、安国寺恵瓊率いる毛利勢二万が伊勢から到着したが、大垣城には入らず、近くの南宮山《なんぐうさん》に布陣した。同じく伊勢から進軍してきた長宗我部盛親や長束正家も南宮山に向かった。南宮山への布陣とは大垣城の後方を支える陣構えではあったが、その戦意は甚だ疑わしかった。毛利勢を率いる広家が東軍の黒田長政から調略を受けていたことは既に述べたとおりである。

近江草津にいた宇喜多秀家も駆け付け、大垣城に入った。宇喜多勢は毛利勢に次ぐ一万七千という兵数を誇り、秀家の戦意は旺盛だったものの、先の宇喜多騒動の余波を受け、家臣団はまとまりがなかった。三成挙兵直前に、上方で名のある武将つまり牢人衆を数多く召し抱えて戦力の補強をはかったものの、結局は寄せ集めの限界を克服できなかった。併せて、家康に庇護された宇喜多家旧臣による寝返り工作も受けていた。

越前にいた大谷吉継は関ヶ原近くの山中村に布陣した。中山道を経由して西上を窺う東軍を封じ込めるための布陣だった。脇坂安治などの諸将が指揮下に入ったが、その心底には不安を感じていた。そんな吉継の不安は、合戦当日に的中する。

九月十二日、三成は大坂にいた奉行の増田長盛に書状を送っているが、その内容は味方であるはずの西軍諸将に対する不安と疑念に満ちていた（藤井治左衛門編『関ヶ原合戦史料集』新人物往来社）。

三成は長盛宛ての書状で戦意のなさに加え、諸将のまとまりのなさを慨嘆している。とりわけ挙兵の同志である恵瓊や奉行・正家までもが戦闘回避の姿勢をとったことは憤慨に堪えなかった。同じく南宮山に陣取る毛利勢についても、はっきりとは書いていないが、その戦意のなさに危機感を抱いていたことは明らかだった。

そして、西軍総帥の輝元が大坂城にとどまっていることを下々の者は不審に思っているとも指摘した。家康が西上しない以上、輝元が前線に出ることは不要に思うとも書いているが、不審を抱いたのは三成にしても同じだろう。決戦場に総帥が出てこないのは士気にも関わるわけだが、なぜ輝元は大坂城を動こうとしなかったのか。

三成の要請に応えて家康との戦いに決着をつけるよりも、この機に乗じて領土を拡大させる方に関心があったからに他ならない。大坂城で形勢を展望しながら、版図拡大のための手を打ちたかったのだ。そうした事情は、三成の期待に反して関東には攻め込まず、東北の最上領に侵攻した上杉景勝とまったく同じであった。
というよりも、三成が景勝の関東侵攻を当てにして作戦を立てたことが、そもそもの間違いだったのである。

自壊していく西軍と大津城攻防戦

西軍は毛利家、宇喜多家という西軍の中核が東軍から調略を受けたことで、内部崩壊の兆候をみせていたが、反旗を翻す大名まで登場する。九月三日に、近江国の大津城主・京極高次が東軍に転じたのである。

高次の弟・高知は家康に従って上杉討伐軍に従軍しており、小山評定後は福島正則とともに東海道を西上し、東軍の前線基地となっていた清洲城に入った。よって、本来ならば高次は東軍に属すべき立場だったが、大津城の周りは西軍に属する城ばかりであったため、やむなく西軍に属したのだろう。

大谷吉継の指揮下に入って越前に向かったが、岐阜城が東軍の手に落ちたことで美濃の情勢が風雲急を告げる。吉継は越前から美濃に転進したが、高次は大津城に戻ってしまい、東軍に転じたことを明らかにする。大津城に籠城し、家康の西上を待った。

大津は京都に近いだけでなく、美濃と上方を繋ぐ中山道の要衝であり、高次の寝返りは大坂城を本拠とする西軍にとって由々しき事態だった。そのため、輝元は叔父の末次元康、小早川秀包《ひでかね》、文禄の役で武名をあげた筑後柳川城主の立花宗茂率いる一万五千を大津城に向かわせた。

九月七日より、西軍は大津城を包囲した。十三日より西軍の猛攻がはじまったが、長盛が派遣した援軍も加わったことで、三の丸、二の丸の占領に成功する。残るは本丸だけであった。

ここに高次は降伏を決意し、十四日には開城の運びとなる。翌十五日早朝、大津城は開城し、城を出た高次は剃髪して高野山にのぼった。

奇しくも、関ヶ原で東西両軍が激突した日であったが、大津城の攻防戦は、関ヶ原の戦いの帰趨にも大きな影響を与えた。関ヶ原に向かうはずだった一万五千人を大津で足留めさせたからである。

これから述べるとおり、秀忠率いる徳川勢の美濃への到着は著しく遅れ、結局、関ヶ原の戦いには参戦できなかった。そんな不利な状況下での決戦を余儀なくされた家康にとって、高次の行動は戦略的に実に大きな意味を持っていた。

家康との和睦に応じた毛利家

さて、毛利勢が南宮山に着陣したことで、広家と長政の交渉は一気に進んだだろう。南宮山と長政のいる赤坂は十キロも離れておらず、東西両軍の武力衝突の危険が増す一方で、皮肉にも交渉しやすくなった。

これまでは長政が広家との交渉にあたっていたが、この頃になると正則も仲介役として加わっている。

毛利家では広家のほか、輝元の信任厚い重臣の福原広俊も正則と長政を介した家康との交渉に加わっており、和睦交渉は輝元も了解済みとみるのが自然である。広家と広俊は輝元の代理人として、毛利家安泰のため奔走した。一方、広家とともに毛利勢を率いる秀元と恵瓊は、蚊帳《かや》の外に置かれていたようだ。

輝元の代理人が広家と広俊ならば、家康の代理人は徳川四天王に数えられた重臣・本多忠勝と井伊直政であった。正則と長政は双方の代理人の希望を踏まえ、家康が毛利家の領国を安堵するという線で和睦の取りまとめに成功する。

それは九月十四日のことであったが、この日、家康は赤坂の本陣に到着する。毛利家をして和睦に踏み切らせた直接のきっかけとなったのは言うまでもないだろう。

この日、忠勝と直政は広家と広俊宛てに、「家康は輝元を疎《おろそ》かにしない。毛利家の領国は安堵する」という趣旨の血判起請文を差し出した。仲介役の正則と長政も広家と広俊宛てに、この起請文の内容を保証する旨の起請文を出している(『毛利家文書』)。

要するに、家康には、今回の三成挙兵に呼応した件で輝元を咎める意思はない。一方、輝元は所領安堵を条件に、毛利勢は家康と戦火を交えないと約したのである。

ここに、毛利家は西軍を離脱したが、広家と広俊だけで決められることではなかったはずだ。つまり輝元も了解済みだったのだが、なぜ輝元は家康と雌雄を決することを断念し、和睦に応じたのか。

岐阜城陥落、そして家康の西上が時間の問題になったことで、先行きに不安を感じはじめたのだろう。家康討伐を宣言し、秀頼に忠節を尽くす志のある諸大名は馳せ参じるよう豊臣政権が求めたにも拘らず、家康のもとを去って西軍に身を投ずる諸大名がほとんどいなかったことは予想外だったに違いない。逆に、京極高次のように東軍に寝返る大名も現れはじめていた。

西軍の足並みが乱れていたことも不安要因だった。三成が連携を模索していた景勝にしても、関東には乱入せず、家康の西上を許してしまう。東西挟撃の作戦は画餅に帰した。

景勝が牽制役を務めることで家康の西上を阻止する、もしくは戦力をダウンさせた上で討つという三成の戦略は、もはや崩壊した。三成にしても景勝の行動は計算違いだったが、これにより輝元に不信感を抱かせたことは否めない。二人の信頼関係は崩れていたのだろう。

そんなマイナス要因が積み重なり、先行きに不安を感じた輝元は、領国安堵を条件に家康と和睦するという広家の案に同意したのではないか。まさに開戦前日の土壇場で、輝元は西軍総帥の座から降りてしまう。

こうした動きを恵瓊も薄々感じ取っていたのかもしれない。よって、この頃には三成が慨嘆するほど戦意を失っていたのである。

真田家に苦戦する徳川勢

西軍が内部崩壊していくなか、江戸城を出陣した家康は順調に東海道の西上を続けた。九月九日に生誕地の三河岡崎城、十日に熱田、十一日には清洲城に入った。家康の着陣を今か今かと待っていた東軍諸将は隣国の美濃赤坂に滞陣中だったが、この頃になって、家康は想定外の事態が起きていることにようやく気づく。

中山道を西上させた秀忠には真田昌幸を屈服させる任務をいったん与えたものの、戦局の急転を受け、決戦場の美濃に向かうことを優先させるよう命じていた。八月二十九日に使番の大久保忠益を急使に立てたが、ここで計算違いが生じる。途中、大雨で利根川が大増水して川止めとなったため、信濃小諸に陣を構える秀忠のもとに忠益が到着したのは十日後の九月九日のことであった。

話はさかのぼるが、一週間前の同月二日に小諸に到着した秀忠は、上田城に籠もる昌幸に降伏を勧告する。だが、昌幸は回答を保留し、その間に防備を固めた。昌幸は秀忠を挑発して徳川勢を釘付けにし、決戦場への到着を遅らせようと目論んでいた。

その術中にはまってしまった秀忠は、九月八日に上田城攻撃を仕掛けるが、昌幸の老獪《ろうかい》な戦術の前に翻弄される。事実上の敗戦であった。

その翌日、秀忠は急ぎ美濃へ向かうようにという家康の命令に接した。上田城攻略を諦めた秀忠は西上の途に就くも、悪天候や大増水による木曽川の川止めもあり、決戦には間に合わなかった。

九月十日頃に秀忠勢三万数千は美濃に入れると家康は想定していたが、その予定が大幅に遅れることを知ったのは、清洲城に入った頃である。中山道を急行する秀忠勢の到着を待ってから決戦に臨むか否か、家康は大いに迷う。

九月十一日に家康は清洲城に入ったものの、翌十二日は風邪と称して清洲にとどまる。時間稼ぎをしていたのだ。

徳川勢が勢揃いしてから決戦に臨むのが一番望ましかったが、いつ到着するか見当がつかなかった。その間に、西軍から離反させるために調略中の毛利家などが、三成たちの巻き返しに遭って西軍にとどまるかもしれない。

また、秀忠を待っている間に、正則たちが家康の制止を振り切って開戦に及び、三成を屠ってしまっては自分の面目は失われる。あちら立てればこちらが立たぬの状況に家康は追い込まれた。

家康の重臣たちの間でも意見が二つに分かれる。本多忠勝は秀忠勢の到着を待つべきと主張。井伊直政は到着を待たず即時決戦に及ぶべしと主張した。

最終的には、不測の事態を恐れた家康により即時決戦の方針が決まる。不測の事態には、大坂城にとどまる西軍の総帥・毛利輝元の出陣も含まれていた。調略により西軍が内部崩壊の兆しをみせているうちに、家康としては決着をつけなければならなかった。

追い詰められたのは三成だけではない。賊軍の将の烙印を押された家康もまた追い詰められていた。こうして、両軍開戦は時間の問題となる。

十三日に清洲城を発した家康は、美濃に向かった。その日は岐阜城で宿泊し、翌十四日正午、赤坂に設けられた本陣に入った。

家康は金扇の馬印を大垣城に向けて立てる。家康の象徴たる馬印をみた西軍の陣営には大きな衝撃が走った。

三万数千の軍勢が東海道を西上していたことは、さすがに三成も気づいていただろう。だが、家康は自分の象徴である馬印や旌旗《せいき》を隠して行軍したため、家康その人が西上しているとは迂闊にも気づかなかったようだ。

よって、金扇の馬印と旌旗が大垣城に向けて一斉に立てられると、西軍の陣営は激しく動揺する。景勝に牽制されて、家康は西上できないはずではなかったのか。家康着陣により、毛利勢の戦意は完全に失われた。駄目を押された形の毛利勢は、この日、家康との和睦に踏み切るのである。

東西両軍、関ヶ原へ

関ヶ原の戦いの前日にあたる九月十四日は、西軍にとって運命の日となった。家康が赤坂の本陣に到着して西軍に激震が走るなか、かねて家康に内通を申し入れ、その了解を得ていた小早川秀秋の軍勢が関ヶ原近くの松尾山を占領する。三成は松尾山を城郭化することで東軍の西上を防ぐ構想を持っており、大垣城主・伊藤盛正を守将として置いていた。この松尾山城には大坂から毛利勢を呼び寄せて配備する予定だったが、秀秋は一万余の軍勢をもって守将の盛正を強制的に立ち退かせる。

家康に内通の疑いがあった秀秋が松尾山を占拠したことで、大垣にいた三成は背後に敵を抱える格好となった。このままでは、赤坂の家康率いる東軍と松尾山の小早川勢に挟撃される恐れがあった。

その夜、大垣城では軍議が開かれた。三成の期待した輝元はついに来らず、先に家康が戦場に姿を現した。

かくなる上は、現有兵力をもって地の利を得た場所に待ち構え、雌雄を決すべし。近くの南宮山に布陣している毛利勢などが敵に横激を加えれば勝利は疑いないと一決し、急遽、大垣城を出陣することになった。関ヶ原に向かったのは、石田三成、島津義弘、小西行長、宇喜多秀家の諸将。戦局は一気に動いた。

三成たちが家康を迎撃しようとした関ヶ原は伊吹山地と鈴鹿山脈に挟まれ、そして中山道、伊勢街道、北国脇往還が分岐する要衝の地であった。この地に防衛線を張り、家康の西上を阻止しようとした。

関ヶ原は笹尾山、桃配山《ももくばりやま》、松尾山に囲まれており、三成は笹尾山、家康は桃配山に本陣を構えることとなるが、問題は松尾山だった。

三成は松尾山を城郭化することで東軍の西上を防ごうとしていたが、内通の疑いがある小早川勢が占拠してしまう。近くの山中村に布陣していた大谷吉継は、松尾山の友軍と連携して東軍への備えを固めるつもりだったが、一転窮地に陥る。

西軍としては吉継を助けるとともに、大垣城の西軍主力をもって秀秋の寝返りを防がなければならなかった。関ヶ原への転進とは東軍の西上を防ぎ、併せて防禦体制の梃入れも狙ったものであった。

大垣城の西軍が動いたのは午後八時頃だという。三成たちが関ヶ原に向かうことを知った家康は、「明日早朝に出陣する」と全軍に指示した。十四日深夜から十五日払暁にかけ、東西両軍は関ヶ原を目指して進軍する。

いよいよ、関ヶ原の戦いがはじまろうとしていた。

2 呆気なく終わった関ヶ原の戦い

関ヶ原の戦いの実像と虚像

運命の日である慶長五年九月十五日が明けた。

関ヶ原に集結した東軍は七万数千。西軍は八万余。軍勢の数では両軍はほぼ拮抗していたが、西軍で戦闘に参加したのは三成、義弘、行長、秀家、吉継たち三万数千人に過ぎなかった。山中村に布陣していた吉継と連携する形で、三成は笹尾山に布陣する。義弘、行長、秀家も近くに布陣し、東軍を迎撃する構えをとった。

だが、南宮山の毛利勢は動かず、その後ろに布陣していた長束正家、安国寺恵瓊、長宗我部盛親も動かなかった。松尾山に布陣した小早川勢も鳴りを潜めていた。

東軍が赤坂の本陣を出たのは、十五日払暁である。東軍側の諸将は三成たちの出陣を予期しておらず、不意を突かれた格好となったからだ。翌朝になって慌ただしく出陣している。

赤坂にいた家康が出陣の準備に入ったのは十五日午前四時のこと。中山道を進み、午前七時、桃配山に本陣を構えた。

東軍の布陣だが、左翼には福島正則、藤堂高虎、京極高知。右翼には黒田長政、細川忠興、田中吉政、加藤嘉明。中軍には井伊直政、本多忠勝、家康の四男・松平忠吉などの徳川勢。中山道垂井宿の辺りには池田輝政、浅野幸長たちを布陣させ、南宮山に布陣する毛利勢などの押さえとした。

午前八時にはじまった戦いは西軍が善戦。一進一退の攻防が続いて戦況が膠着するなか、西軍を裏切って東軍に寝返ると約束した小早川勢の動向が戦局を左右する展開となる。ところが、秀秋は西軍の思わぬ善戦に動揺し、寝返りを躊躇しはじめる。そんな秀秋の態度に業を煮やした家康は、松尾山に布陣する小早川勢に向けて鉄砲を撃ちかけた。家康の督促が決め手となって秀秋は寝返りを決意し、西軍に攻めかかる。乱戦のなか、吉継は自刃。三成、行長、秀家たちは敗走した。正午過ぎ、戦いは西軍の敗北で終わった。

三成たちが敗走した後、それまで戦闘に参加しなかった島津勢が退却する。主将の義弘は西軍に属していたものの、三成への反発から東軍とは戦闘を交えず、傍観する立場をとっていた。だが、西軍の敗北を受け、敵中突破により薩摩への帰国を目指す。島津勢は多大な損害を出しながらも、家康の直属部隊の追撃を振り切って戦場を離脱し、薩摩へと戻った。

こうした戦局の流れが関ヶ原の戦いが語られる際の定番となっているが、最近の研究によれば、事情はまったく異なる。家康を讃える軍記物を通して、ストーリーが改変つまり創作されていたことが明らかになったのである。

開戦直後の小早川秀秋の裏切り

この日は、朝から小雨で霧が深く立ち込めていた。ようやく午前八時頃より霧が晴れてきたが、実際に合戦がはじまったのは午前十時頃であった。

両軍の布陣が完了した後もしばらくの間は睨み合いが続いたが、開戦の火蓋を切ったのは中軍にいた、家康の四男で秀忠のすぐ下の弟にあたる松平忠吉である。抜け駆けのような形で、岳父・井伊直政に守られた忠吉は西軍に攻撃を仕掛けた。これを合図に、両軍の戦闘が開始される。

従来の定説では、午前八時の開戦から正午までは西軍は東軍を寄せ付けず、善戦したことになっているが、実際の開戦時刻は午前十時で、その後間もなく西軍は総崩れになったというのが真相であった。

家康に内通することを決めていた秀秋が開戦と同時に、山中村に布陣していた吉継に攻めかかったからだ。さらに、吉継の指揮下にあった脇坂安治や小川祐忠《すけただ》たちまでも東軍に寝返る。藤堂高虎による内応工作があったという。そのため、千人ほどに過ぎない吉継の軍勢は壊滅し、吉継は自刃して果てた。

恐れていた秀秋の裏切りは、西軍をパニックに陥れる。三成、行長、秀家の軍勢は東軍に属する正則たちと激闘していたが、秀秋の裏切りにより動揺し、壊走する。三成、行長、秀家は戦場を離脱した。

ここに、関ヶ原の戦いは呆気なく終わった。

四時間余り、兵力に劣る三成たちは善戦したのではない。開戦とほぼ同時に秀秋たちの裏切りに遭い、短時間で壊滅したのだ。秀秋は逡巡することなく、開戦とほぼ同時に吉継、つまり西軍に攻撃を仕掛けたのである。

秀秋の裏切りの場面が描かれる際、必ず登場するのが「問鉄砲《といでっぽう》」のエピソードだろう。

開戦から数時間経過しても内応しない秀秋に焦れた家康は、威嚇の鉄砲を撃ちかける。秀秋は家康の怒りに恐れおののき、裏切りを決意する。そして西軍に攻めかかったことで、流れは一気に東軍に傾いたという筋立てだ。

秀秋の逡巡、家康の督促、そして秀秋の裏切りの場面は、まさに手に汗を握るエピソードとなっており、関ヶ原の戦いにおけるクライマックスシーンとして、現在に至るまで人口に広く膾炙《かいしゃ》している。だが、実際のところは、こうした劇的な場面はなかった。

開戦とほぼ同時に秀秋が東軍に内応して西軍に攻めかかり、短時間で戦いは東軍の勝利に終わったからである。秀秋の裏切りは事実だが、その過程が家康に都合のよいように脚色されていた。別に家康から督促されることなく、秀秋は味方の西軍に攻めかかっている。

内応を督促したという家康からの「問鉄砲」についても、関ヶ原の戦い直後の史料には記載がない。百年以上も経過したはるか後年の江戸中期から幕末の軍記物に至って、「問鉄砲」の記載が登場してくる。創作に過ぎなかったのである。

そうした創作が軍記物で施された理由とは、いったい何だったのか。

家康の果敢な決断により、戦局が一転して劇的な勝利がもたらされたことを強調・賛美したかったのだ。すべては家康の掌の上で動いていたことを後世に伝えたい目論見が秘められていた。

従来関ヶ原の戦いが語られる際には、参戦した武将たちは総じて家康の引き立て役を演じていたが、事実はまったく異なるのである（白峰旬『新解釈 関ヶ原合戦の真実』宮帯出版社）。

島津の退き口の真実

戦いが西軍の敗北に終わると、南宮山に布陣していた毛利勢は近江へと向かい、輝元のいる大坂に戻った。長宗我部盛親と長束正家は伊勢方面に逃亡した。西軍のうち戦場に残ったのは島津勢だけとなる。

この時から、千人ほどの寡兵にも拘らず、数万にも及ぶ敵陣を突破して薩摩に長駆帰国する「島津の退《の》き口《ぐち》」のドラマがはじまるが、その際、次のようなエピソードがあったと伝えられている。

島津勢が戦場で傍観の立場をとったのは、前夜の軍議において家康本陣への夜襲案を拒否されたことで、三成に強い反感を抱いたからである。そのため、三成の要請にも拘らず、東軍との戦闘を拒否し続けたという話になっているが、そうした事実関係は確認されていない。

そして、西軍の敗北が決した後に敵中突破を敢行したという流れで描かれるのが定番だが、島津勢は寡兵でもあったことから、西軍ではもともと二番備《ぞなえ》に位置付けられていた。戦闘たけなわとなって乱戦状態に入った折、敵に側面攻撃を仕掛けて戦局を好転させる部隊としての役割が期待されていたのだ。

しかし、西軍は秀秋の裏切りにより、開戦早々パニック状態に陥った。やがて、壊走をはじめる。要するに、あまりにも早く勝敗が決まったことで、参戦の機会を失ってしまったのが真相である。

南宮山に布陣した毛利勢などよりも、戦意ははるかに旺盛であった。三成たちとともに戦うつもりだった。

ここでも三成を悪者に仕立て上げたい意図のもと、ストーリーが改変されていることが確認できる。

敵中突破を強いられた島津勢は、追撃してきた井伊直政や松平忠吉の軍勢と激戦となる。殿《しんがり》を務めた甥の豊久や家老・長寿院盛淳は討ち取られたが、直政や忠吉までも負傷させた奮戦ぶりであり、ついに徳川勢は追撃を諦める。

主将の義弘は戦場からの離脱に成功し、二十二日には大坂から海路薩摩へと向かった。九州に上陸した後も、黒田如水の軍勢と交戦するなど苦難を強いられる。

十月三日に至り、実兄・島津義久の居城・富隈城に辿り着いたが、その頃には従う者はわずか八十人ほどに減っていた。こうして、約二十日にわたる「島津の退き口」

のドラマは終わりを告げたのである（桐野作人『謎解き 関ヶ原合戦』）。

3 毛利家改易の危機

三成たちの処刑

西軍のうち、関ヶ原で落命した武将は大谷吉継や島津豊久など数名に過ぎなかった。三成、行長、秀家、傍観した形の恵瓊や長束正家、長宗我部盛親たちも戦場を離脱したが、その後、敗軍の将たちはどうなったのか。

笹尾山の本陣を抜け出して背後の伊吹山中に逃げ込んだ三成は、数日間逃亡を続けた後、二十二日に岡崎城主・田中吉政の手の者によって近江の古橋村で捕縛された。既に居城・佐和山は、東軍に内応した小早川勢や脇坂勢などにより落城していた。十八日のことである。兄の正澄や父の正継は城と運命をともにした。

行長も伊吹山に逃げ込んだが、十九日に捕縛される。恵瓊は大坂に向かった毛利勢と離れ、京都六条の寺院に潜んでいたが、二十三日に捕縛された。

三成、行長、恵瓊の三名は大坂、京都、堺の町を引き回された上、十月一日に京都の六条河原で斬首に処せられた。

三成たちにより豊臣政権から追放された家康は、関ヶ原の戦いの勝利により、復権した。賊軍の将から再び官軍の将となったのである。かたや、三成は、官軍の将から賊軍の将に転落した。豊臣政権の名で、三成たちは処刑されたのである。

まさに勝てば官軍、負ければ賊軍であった。

豊臣政権を主宰する立場に戻った家康は、三成たちを処刑した後、引き続き戦後処理を断行していく。

戦場から離脱した宇喜多秀家は家康による追跡網をかいくぐって薩摩まで逃亡し、島津家に庇護された。だが、慶長七年（一六〇二）に島津家が家康と和睦した際、家康に引き渡され、駿河の久能山に押し込められた。翌八年九月に至り、一族もろとも八丈島に遠島となっている。

毛利勢とともに南宮山に布陣した長束正家は、戦闘には参加しないまま、戦場を離脱した。居城の近江水口城に戻ったが、東軍の池田長吉からの降伏勧告に屈して城を明け渡した後、近江の日野で自刃した。関ヶ原の戦場では戦況を傍観して東軍とは戦火を交えなかったものの、それ以前の伏見城や伊勢安濃津城の攻撃に加わったことが罪に問われたのだろう。長宗我部盛親も改易に処せられた。

家康討伐を布告した奉行衆のうち、戦場に出たのは正家のみだが、残りの二人はどうなったのか。

大坂にいた増田長盛は、輝元が大坂城を出ると、同じく城から退去した。居城の大和郡山で謹慎した後、領地を没収されて武蔵岩槻に配流となった。家康としては信頼を裏切られた気持ちが強く、改易の断を下したのである。

同じく大坂にいた前田玄以は大坂城を退去後、河内の金剛寺で謹慎したが、間もなく赦免された。本領も安堵されている。

輝元、大坂城退去

関ヶ原の戦いの前日、家康と輝元は和睦したが、実際のところは休戦協定を結んだに過ぎなかった。家康討伐を掲げる西軍総帥の座に就いた輝元の責任問題の追及は、これからであった。

百二十万石もの毛利家の広大な領国をどうするのか。豊臣政権を主宰する立場に戻った家康の裁定に、改めて委ねられることになる。

輝元としては、所領安堵は譲れない線であった。輝元の代理人たる吉川広家も所領安堵を条件に家康と和睦する考えであり、家康がその条件を了解したからこそ、輝元も和睦を呑んだ。ところが、輝元や広家の望む方向に事態は進まなかったのである。

南宮山に布陣した毛利勢と、大津城攻めに加わった末次元康や小早川秀包の軍勢は大坂に戻り、そのまま駐屯を続けていた。大坂城西丸も輝元直属の毛利勢が占拠したままだった。

毛利勢のなかでも、広家や福原広俊は輝元の了解を得た上で和睦の取りまとめに奔走したが、秀元は和睦の件を事前に知らされていなかった。当然ながら、秀元は自分を外して取りまとめられた和睦には大いに不満であり、大坂に戻った後も輝元に対して徹底抗戦を主張している。

大津城を陥落させたものの、関ヶ原の戦いには参戦できなかった元康や秀包も同じ心情だったはずだ。毛利一門ではないが、大津城攻城戦に加わっていた立花宗茂も、輝元に徹底抗戦を迫った。

しかし、輝元は広家や広俊の路線をとり、秀元たちの主張を退ける。関ヶ原の戦いから二日後の九月十七日、正則と長政は輝元との良好な関係の継続を望む家康の意向を書状で伝えた。家康が二人を遠隔操作し、輝元が家康との和睦を破棄して大坂城に籠城する事態が起きないよう、腫れ物に触るような態度に出ていたことが窺える。

家康としては、輝元が秀頼を奉じて大坂城を占拠したままの状態を何とかしたかった。秀頼と輝元を切り離さない限り、名実ともに官軍の将に返り咲いたとは言えないからである。

秀頼と輝元を引き離すとは、輝元を大坂城から退去させることであった。それを実現させるため、正則と長政をして輝元に所領安堵を匂わせ続ける。それが輝元の最大の関心事であることは、家康や正則たちもよくわかっていた。

同十九日、輝元は二人に返書を認める。二人を通じて所領安堵という家康の意思が伝えられたことに安堵しているとの文面だった。

そして、家康は正則と長政を介して、所領安堵を条件に大坂城西丸からの退去を求めた。輝元もこれを呑むが、その瞬間から毛利家の悪夢がはじまる。

二十二日、輝元は家康の重臣・本多忠勝と井伊直政、そして正則、長政に対し、所領が安堵されたことを謝すとともに、大坂城西丸を明け渡すことを約する起請文を提出した。輝元が西丸を退去したのは二十四日のことである。

これを受け、二十五日には正則、長政に加えて池田輝政、浅野幸長、藤堂高虎が連署した起請文が輝元に差し出されている。所領安堵を約した忠勝と直政の起請文が偽りでないことを、正則たち五名が誓う内容だった。

こうして、家康は輝元を秀頼から引き離すことに成功する。西丸を退去した輝元は大坂城下の木津にあった毛利家下屋敷に入った。

家康の大逆襲

輝元が西丸を退去したのを受け、それまで大津城で待機していた家康は大坂城に入った。九月二十七日のことである。名実ともに復権した家康は、本丸御殿で秀頼と茶々に拝謁し、戦勝報告を行っている。

さて、輝元の処遇については、次のような広家の申し立てが前提となっていた。輝元は三成挙兵に関与していない、すべては恵瓊の仕組んだことである、というものだ。

実際は、輝元はみずから望んで西軍総帥の座に就いたのだが、広家は恵瓊の姦計に乗せられたというストーリーで毛利家の領国維持をはかった。そんな広家の事情説明を、家康は了解したはずだった。

ところが、事実はまったく逆であることが判明する。三成の挙兵に関与していなかったというのは真っ赤な嘘で、輝元が積極的に関わったことを示す証拠が出てきたのだ。

七月十七日、奉行衆は家康の非法を十三箇条にわたって弾劾する「内府ちかひの条々」を諸大名に向けて発した。そして、輝元は秀家と連名で、家康の所行を弾劾するとともに秀頼への忠節を呼びかける書状を諸大名に発した。西軍参加の要請文である。

この書状には輝元の花押が据えられたが、これが家康の手に渡ってしまう。輝元としては、もはや言い逃れはできなかった。

輝元と秀家の連名による西軍参加を要請する書状は、諸大名宛てに発せられた。東軍に属した諸大名にも届けられていた以上、その段階で家康のもとにも届いていたことは容易に想像できる。家康は積極的な関与の事実は知っていた上で、時が来るまで知らぬ顔で通してきたのだ。

さらに、前章で取り上げた西軍の四国侵攻も、家康によって糾弾される。西軍といっても、事実上毛利勢による侵攻だったが、標的となったのが東軍に属した蜂須賀家の領国・阿波、加藤嘉明などの領国・伊予であった。輝元の飽くなき領土欲から、毛利勢が軍事行動を展開していたことの証しに他ならない。

これらの証拠により、輝元は三成挙兵に関与していない、すべては恵瓊の仕組んだこと、という前提は崩れた。

家康は、毛利家に断固たる処分を科すことを決意する。家康討伐を掲げる西軍の首脳として戦争を起こした責任は重大だとして、毛利家を改易処分にすることを決めた。百二十万石の没収である。ただし、広家は輝元の企てに与したわけではなく、律儀な人物であるとして、中国地方で一〜二か国を与える方針を示した。

輝元が大坂城西丸に居座ったままならば、これほどの厳罰を科すことはできなかったに違いない。秀頼を奉じて大坂城に籠城し、家康討伐の狼煙を上げて対抗することもできるからだ。

しかし、輝元は西丸を既に去り、木津の下屋敷に退去している。木津下屋敷は城郭でもなく、堀もない。大坂城に比べれば防禦力はなきに等しい。

足元を見透かした上で、家康は輝元に過酷な処分を下したのである。

毛利家減封

輝元は恵瓊を介した三成からの勧誘に乗って、家康討伐を掲げる西軍総帥の座に就き、家康がいた西丸に入った。西軍参加を要請する書状にも花押を据えた。恵瓊の姦計に乗せられたわけではなく、みずからの野心をもってその座に就いた。

よって、名実ともに西軍首脳たる輝元に戦争責任があるのは言うまでもない。三成や恵瓊たちが断罪に処された以上、その罪から逃れることはできなかった。家康側に立てば、毛利家の改易はおろか、三成のように処刑されても仕方のないところである。

ただ家康にとっては、関ヶ原で勝利した後も、輝元が秀頼を奉じて大坂城西丸を占領していたことがネックであった。輝元に秀頼を取られていては、断固たる処分を下すことなどできなかったが、大坂城を退去させてしまえば何の躊躇も要らなくなった。

三成たちを処刑したのは十月一日のことだが、その直後、家康は毛利家改易の方針を伝える。輝元は驚愕した。

驚愕したのは広家も同じである。だが、輝元は関与せずとの申し立てが家康の追及により成り立たなくなった以上、抗弁できなかった。哀願して家康の慈悲を乞うしか道はなくなる。

同三日、広家は仲介役の正則と長政に対し、輝元は今回の首謀者ではないと繰り返し弁明するとともに、自分に与えるとされた二か国を輝元に与えてほしいと懇願した。一連の広家による奔走については疑義も呈されているが（光成準治『関ヶ原前夜』）、最終的には家康も毛利家改易の方針を撤回する。長政たちの取り成しもあったのだろう。

輝元を追い詰めて窮鼠《きゅうそ》猫を噛むような事態になると、家康に対する反感が噴出して第二の三成が出てこないとも限らない。関ヶ原の戦いは終わったものの、小競り合いは全国各地でまだ続いていた。

よって、減封という形で、今回の戦争責任を輝元に取らせることを決める。十月十日、家康は輝元と嫡男・秀就《ひでなり》宛てに、次の三箇条から成る起請文を渡した（『毛利家文書』）。

①周防・長門を与えること。
②輝元と秀就の命は助けること。
③虚説がある場合は糾明を遂げること。

西軍首脳たる輝元父子の助命および、周防と長門の二か国の安堵を保証するとともに、根も葉もないとはいえ、今後輝元に何かよからぬ噂があれば糾明すると釘を刺すことも忘れなかった。

この起請文に示された家康の裁定を受けて輝元は隠居し、家督を秀就に譲る。さらに、出家して宗瑞《そうずい》と名乗り、身をもって反省の意を示す。

百二十万石から約三十万石への大減封を強いられた輝元であったが、十一月五日には毛利家存続を許されたことを感謝する起請文を、井伊直政に提出している。

ここに、輝元は家康に完全屈服した。

戦後処理の完了と江戸開府

関ヶ原の戦い、そして三成処刑の後も小競り合いは全国各地で続いていた。

関ヶ原の戦いの導火線となった上杉景勝の動向だが、関東に攻め入ることはなく、東北の地で最上義光や伊達政宗との戦いに終始した。そして関ヶ原当日を迎える。西軍敗北の報が届いた後も義光や政宗との戦いは終わらなかったが、輝元が家康の裁定に従って大減封を甘受する頃になると、景勝も家康との和睦交渉に力を入れはじめる。

このままでは、本当に上杉家は滅ぼされてしまうからだ。景勝は外交交渉により、上杉家存続の道を探った。

交渉は長期化したが、翌六年（一六〇一）七月一日に、景勝と兼続は会津を出立して上洛の途に就く。八月八日、二人は伏見城に登城して家康に拝謁し、謝罪した。事実上の降伏であった。

同月二十四日、家康は上杉家に対し、会津の地を没収して出羽米沢三十万石の所領のみ安堵する処分を下した。百二十万石からの大減封だが、上杉家も毛利家と同じく、かろうじて改易を免れた。

大老のうち、家康に刃向かった輝元と景勝は大減封を甘受し、秀家は改易に処せられた。前田利長は母親を人質に出しており、既に屈服していた。

家康は関ヶ原の戦いを経て、豊臣政権における独裁体制を完全に固めた。災い転じて福となした格好であった。

家康に最後まで頭を下げなかったのは、関ヶ原で奮戦した島津家である。

敵中突破により帰国した義弘は桜島に蟄居し、家康に対して恭順の意を示した。一方、実兄で前当主の義久は、当主の忠恒とともに和睦の道を探る。

家康は島津家討伐も辞さない姿勢を示したものの、長期間にわたる交渉の末、薩摩、大隅、日向諸県郡《もろかたぐん》の所領を安堵した。西軍に属して徳川勢と激闘を繰り広げたにも拘らず、島津家は本領を安堵されたのである。

関ヶ原の戦いの結果、西軍に属した諸大名の所領は減封の毛利家などを除き、軒並み没収された。改易された大名の数は八十八名にも及んだが、没収された所領の大半は東軍に属した諸大名の論功行賞に充てられた。

この頃には戦後処理も島津家の処分を残すだけとなっていたが、豊臣政権に代わって江戸幕府という新政権の樹立を目論む家康としては、できるだけ早く島津家の処分に決着をつけたかったところだろう。

島津家に過酷な処分を下すことで激しい抵抗に遭って、国内で戦乱が続くよりも、譲歩して上洛そして謝罪を引き出し、島津家が家康に屈服したことを天下に示したい。島津家が屈服すれば、日本のすべての大名が家康に服することとなる。そんな家康の意図が、島津家への寛大な処分の背景にあった。

慶長七年八月、忠恒は上洛の途に就く。十二月末、伏見城に登城して家康に拝謁した。これにより正式に本領安堵となり、関ヶ原の戦いの戦後処理は完了した。いよいよ、家康は豊臣政権からの独立に踏み切る。

家康が朝廷に要請して武家の棟梁たる征夷大将軍に任命されたのは、翌八年二月十二日のことである。自分をトップとする新政権、江戸幕府の誕生だった。前政権のトップである豊臣家を服従させるための戦いが、この時からはじまる。

エピローグ　伝説となった関ヶ原

誤算続きの戦い

家康VS三成ではなく、実は家康VS輝元の戦いであった関ヶ原の戦いの実像を、五章にわたって解き明かしてきた。以下、本書で明らかにしたことをまとめてみよう。

秀吉の死後、家康は五大老として同列だった前田利長、毛利輝元、宇喜多秀家を屈服させ、あるいは家中の問題に介入することで、その権威を失墜させた。自分に刃向かえないよう牙を抜いていったのである。

家康の専横ぶりに批判的な五奉行も骨抜きにした。批判勢力の筆頭格だった石田三成は、加藤清正や福島正則たち武功派諸将をもって失脚に追い込んだ。増田長盛は自家薬籠中のものとした。当時の政局は家康の独り舞台であった。家康一強である。

だが、自分に屈しようとしなかった大老・上杉景勝の征伐を企てたことで、一転窮地に追い込まれる。上方を留守にしている間に、失脚させた三成が挙兵し、領主としての権威を失墜させた輝元や秀家の二大老、自分とは蜜月状態にあったはずの長盛たち三奉行が挙兵に呼応したからである。豊臣政権の実務を担う奉行衆にしても、家康の独裁が進むことは望まなかったのだ。

毛利家の軍事力をバックに家康寄りだった奉行を味方に引き込むことで、豊臣家の錦の御旗たる秀頼を奉じることができた三成は、奉行が署名した家康弾劾の書状を諸大名に発し、家康討伐の狼煙を上げる。三成とともに今回の挙兵の黒幕だった輝元は家康のいた大坂城西丸に入り、政府軍つまり西軍総帥の座に就いた。

三成と輝元による軍事クーデターによって失脚した家康は、〝官軍の将〟から〝賊軍の将〟に転落した。すなわち、家康のもとに集まる東軍は、豊臣政権から反政府軍の烙印を押された。そのため、家康に従って上杉討伐軍に従軍していた正則たちが矛先を転じる恐れが出てきた。上杉討伐軍がそのまま家康討伐軍に変わるかもしれない。

反三成派の正則たちは、挙兵後に開かれた小山評定で家康に味方すると誓ったものの、家康自身はその心底に強い疑念を抱いていた。三成が秀頼を奉じている以上、西軍に走るのではないか、と。

しかし、家康の不信感から生まれた挑発的な言葉に発奮した正則たちは、西軍に寝返る意思がないことを証明するため、軍事行動を開始する。西軍の拠点だった岐阜城をわずか三日で陥落させたことで、戦局は一変した。

西軍は大軍の驕りからか、兵力を分散しすぎていた。その点を突かれた格好であった。

東軍は一気に巻き返しに転じる。家康も江戸城を出陣し、決戦場の美濃に向かった。東軍から調略を受けることで、西軍の大名は次々と離反した。

東軍の巻き返しにより、西軍は内部から崩壊していった。総帥の毛利家さえ、家康と和睦してしまう。兵力のバランスも完全に逆転した。東軍有利の形勢を見て取った家康は、秀忠率いる徳川勢の到着を待たず、西軍との決戦に臨む。

合戦当日、西軍で実際に戦ったのは三成たち約三万数千人に過ぎなかった。その上、小早川勢が開戦早々に裏切ったことで駄目を押された結果、西軍は呆気なく敗れる。

改変された関ヶ原の戦い

関ヶ原の戦いは、結果からみると家康の圧勝であり、三成の完敗であった。そのため、冒頭で述べたとおり、関ヶ原の戦いが叙述される際は、東軍を率いた家康は勝つべくして勝ち、西軍を率いた三成は負けるべくして負けたという予定調和のストーリーで描かれるのが定番だった。家康はすべてをお見通しであり、三成は家康の掌の上で動いたに過ぎないという見立ても、同じく定番である。

しかし、三成挙兵からの流れをみていくと、家康は正則たちが岐阜城を陥落させるまでは三成によって絶体絶命の状況に追い込まれていた。豊臣政権から弾劾されて賊軍の将に転落したため、その焦りも随所に出ていた。

三成の挙兵も家康の想定内の出来事として描かれることが多いが、寝耳に水というのが真実ではなかったか。たとえ挙兵を想定したとしても、三成が奉行衆や輝元たち大老を味方に付けて、秀頼を奉じてくるとまでは想像していなかっただろう。豊臣政権を主宰する自分が失脚させられるとは、夢にも思わなかった。

三成の戦略では、上杉討伐軍に従軍していた正則たちは家康のもとを去り、西軍に馳せ参じてくる。一方、家康は景勝による関東侵攻を恐れて西上できず、江戸にとどまらざるを得ない。そのまま立ち枯れとなる。

実際のところ、家康が江戸にとどまらざるを得なかったのは、正則たちの寝返りと景勝の関東侵攻への懸念が理由だった。三成の狙いどおり、事態は進行していた。

三成は家康の掌の上で動いていたのではない。三成の掌の上で家康は動かされていたとみるべきなのである。

岐阜城陥落の報を受けると、家康は正則たちの心底を見極めたとして三成討伐のため出陣というストーリーで描かれるのも定番だが、実際はそんな余裕綽々《しゃくしゃく》ではなかった。陥落の契機となった正則たちへの挑発的な言葉も、不信感を露にすることでわざと怒らせ、西軍を攻撃するように仕向けるという家康の豪胆さと深謀遠慮ぶりを伝えるエピソードとして語られるが、家康の焦燥から出てしまった言葉とみるべきだろう。

ひとつ間違えば、逆の結果にもなりかねなかった。あくまで結果オーライに過ぎなかったのだ。

江戸城出陣にしても、家康が窮地に追い込まれた結果だった。正則たちだけで三成を屠ってしまう勢いを示したからである。それでは豊臣政権の独裁者として君臨していた自分の面目は丸潰れであったため、急ぎ出陣せざるを得なくなる。いわば、正則たちに戦局の主導権を奪われた格好であった。戦局の主導権は岐阜城陥落前までは三成、陥落後は正則たちに握られていた。

これまで関ヶ原の戦いが叙述される際は、家康への好意的な評価とは対照的に、三成の評価は概して手厳しい。家康が善玉なら、三成は悪玉、その敵役という設定だ。三成に対する評価を厳しくすることで、家康の評価をアップさせたい意図が透けてくる。

そもそも、西軍の首脳である同じく大老の毛利輝元こそ、家康の前に立ち塞がった一番の敵役に他ならない。輝元は領土欲も旺盛で野心に満ちていたが、その凡庸さを三成と安国寺恵瓊に利用され、西軍の首脳に祀り上げられた人物として描かれるのが定番だったが、実際はそうではないことは、本書で明らかにしたとおりである。ここでも、三成に利用された輝元像を強調することで三成を貶めたい意図が見え隠れする。

同じ西軍でも、三成とは異なり、好漢として描かれることが多い上杉景勝や直江兼続の描写も同じ文脈で捉えられるだろう。景勝も結局は個人の領土欲で動いたのであり、三成に協力する形で関東に侵攻する気はなかった。景勝を好意的に描くことで、対照的に三成を貶めようという意図を、ここでも感じざるを得ない。

家康神話の誕生

このように、定説化している関ヶ原の戦いのストーリーにはバイアスがかかっていると言わざるを得ない。事実関係が家康に都合よく解釈される一方で、三成については貶める解釈がなされていた。リアルタイムで戦いの経過を実見していた者がそのストーリーを知れば、事実関係の改変ぶりに驚くに違いない。

実際は短時間で決着がついているにも拘らず、一進一退の状態が長く続いたように描写されたのも、家康の勝利を劇的にみせるための脚色であった。秀秋の逡巡、家康の督促、秀秋の裏切りという流れも事実ではなく、同じく家康の勝利を劇的にみせる脚色だった。

そうした脚色や創作が施された背景には、家康の果敢な決断により戦局が一転して勝利がもたらされたことを強調したい、すべては家康の掌の上で動いていたことを後世に伝えたい、という意図が秘められていた。

だが、戦局の主導権を三成たちに握られていた家康は、偶然の積み重ねにより勝利を得たに過ぎなかった。家康は勝つべくして勝ち、三成は負けるべくして負けたわけではない。勝利の女神がどちらに付くかは、最終段階までわからなかった。

しかし、家康が勝利したことで、関ヶ原の戦いは勝つべくして勝ったというストーリーにねじ曲げられてしまう。勝者に都合のよいように叙述され、まさに歴史が歪曲されたのである。

定説化された関ヶ原の戦いとは、江戸時代に創られたものであった。江戸時代は、初代将軍・徳川家康が絶対的な存在として神格化された時代。神君家康はすべてをお見通しで、すべてはその掌の上で動いている。

その結果、西軍の諸将も東軍の諸将も、家康の引き立て役としての役割を担うことになった。そこでは家康にとって都合の悪い事実は抹消され、都合のよい脚色や創作が施された。そして時間が経過することで、あたかも史実であるかのように錯覚されていく。

こうして、関ヶ原の戦いから家康神話が生まれ、江戸時代、そして現代に至るまで、人々の歴史観を大きく規定することになったのである。

本書執筆にあたっては、日経BPの網野一憲氏のお世話になりました。末尾ながら、深く感謝いたします。

二〇二三年九月

安藤優一郎

関ヶ原関係年表

年	月日	事項
文禄4年（1595）	7／8	豊臣秀次、高野山追放。
	7／15	秀次自刃。
	8／2	秀次の妻子、三条河原で処刑。
	8／3	徳川家康、宇喜多秀家、上杉景勝、前田利家、毛利輝元、小早川隆景連署による「御掟」「御掟追加」制定。
慶長2年（1597）	2月	小西行長、加藤清正たちが再び渡海（慶長の役）。
	11／22	明・朝鮮軍、清正たちが籠る蔚山城に押し寄せる。
3年（1598）	1／10	上杉景勝、会津に国替え。
	1月	黒田長政と蜂須賀家政、蔚山城救援。
	8／5	秀吉、五大老・五奉行に遺言。
	8／18	秀吉死去。

9／3　五奉行が五大老と起請文を交わす。
11月末　渡海部隊の撤兵完了。

4年（1599）

1／10　秀頼、大坂城に移る。
1／19　家康、四大老と五奉行から伊達家などとの縁組みを糾弾される。
2／5　家康、大老・奉行と起請文を交わして和睦。
2／29　前田利家、伏見の徳川邸を訪問。
3／11　家康、大坂の前田邸を訪問。
閏3／3　利家死去。
閏3／4　三成、加藤清正たちの襲撃を避けて伏見城に逃げ込む。
閏3／9　三成、奉行職を解かれ佐和山に蟄居。
閏3／13　家康、伏見城入城。
閏3／21　家康と輝元、起請文を交わす。
8／10　上杉景勝帰国。
8／28　前田利長帰国。

9／7 家康、重陽の賀のため大坂に赴くも、利長らによる暗殺計画の噂が流れる。

9／27 家康、大坂城西丸に入る。

10／3 家康、前田家討伐を布告。

5年（1600）

4／23 家康の家臣・伊奈昭綱たち、会津で景勝に上洛を求める。

6／2 家康、会津出陣の意向を示す。

6／18 家康、伏見城出陣。

7／2 家康、江戸城に入る。大谷吉継、美濃垂井に着陣。

7／12 奉行衆、家康と輝元に上坂要請。増田長盛、三成と吉継の挙兵を家康に密告。

7／15 輝元出陣。海路大坂へ。

7／17 毛利秀元、大坂城西丸占領。奉行衆、家康の非法を13箇条にわたって弾劾。

7／18 西軍、伏見城に開城勧告。

7／19 長盛の密書が家康に届く。

7／21 家康、江戸城出陣。秀忠、宇都宮到着。

7／24 伏見から開戦前夜との急報。
7／25 小山評定。
7／26 福島正則たち諸将、西上開始。
8／1 伏見城陥落。
8／5 家康、江戸城に入る。
8／19 清洲城での家康側近・村越茂助の言葉に正則たち発奮。
8／21 東軍、清洲城出陣。
8／23 西軍の岐阜城陥落。家康、宇都宮滞陣中の秀忠に中山道西上の命を下す。
8／24 秀忠出陣。
8／27 家康、岐阜城陥落の報に接し、江戸城出陣を繰り上げる。
8／29 家康、信濃平定よりも美濃進撃を優先するよう命じる使者を秀忠のもとに派遣。
9／1 家康、江戸城出陣。
9／3 大津城主・京極高次、西軍を離反して籠城。
9／8 秀忠、上田城攻めに失敗。

9/10 秀忠、西上の途に就く。
9/11 家康、清洲城入城。
9/13 家康、岐阜城入城。
9/14 家康、赤坂の本陣に入る。家康重臣・本多忠勝たち、輝元の領国を安堵する旨の起請文を吉川広家たちに提出。小早川秀秋、松尾山を占領。西軍、大垣城を出陣して関ヶ原に布陣。
9/15 家康、赤坂の本陣を出陣。東軍諸将も関ヶ原に出陣。開戦。
9/18 佐和山城陥落。
9/22 輝元、忠勝たちに大坂城西丸の引き渡しを約する起請文を提出。島津勢、大坂から海路薩摩へ。
9/24 輝元、大坂城西丸を引き渡す。
9/27 家康、大坂城入城。
10/1 三成たち処刑。
10/10 家康、輝元に周防・長門約30万石への減封を通告

6年（1601）	8／8　上杉景勝、伏見城で家康に拝謁（8／24、米沢30万石に減封）。
7年（1602）	12月末　島津忠恒、伏見城で家康に拝謁。本領安堵。
8年（1603）	2／12　家康に征夷大将軍の宣下。

参考文献

笠谷和比古『関ヶ原合戦と大坂の陣』吉川弘文館、二〇〇七年
本多隆成『定本　徳川家康』吉川弘文館、二〇一〇年
白峰旬『新「関ヶ原合戦」論』新人物往来社、二〇一一年。
桐野作人『謎解き　関ヶ原合戦』アスキー新書、二〇一二年
本多隆成『徳川家康と関ヶ原の戦い』吉川弘文館、二〇一三年
白峰旬『関ヶ原合戦の真実』宮帯出版社、二〇一四年
矢部健太郎『関ヶ原合戦と石田三成』吉川弘文館、二〇一四年
谷口央『関ヶ原合戦の深層』高志書院、二〇一四年
光成準治『関ヶ原前夜　西軍大名たちの戦い』角川ソフィア文庫、二〇一八年
藤井讓治『人物叢書　徳川家康』吉川弘文館、二〇二〇年
白峰旬編著『関ヶ原大乱、本当の勝者』朝日新書、二〇二〇年
水野伍貴『関ヶ原への道―豊臣秀吉死後の権力闘争』東京堂出版、二〇二一年

本書は書き下ろしです。

nbb
日経ビジネス人文庫

賊軍《ぞくぐん》の将《しょう》・家康《いえやす》
関ヶ原《せきはら》の知《し》られざる真実《しんじつ》

2022年10月3日　第1刷発行

著者
安藤優一郎
あんどう・ゆういちろう

発行者
國分正哉

発行
株式会社日経BP
日本経済新聞出版

発売
株式会社日経BPマーケティング
〒105-8308 東京都港区虎ノ門4-3-12

ブックデザイン
鈴木成一デザイン室
ニマユマ

本文DTP
マーリンクレイン

印刷・製本
中央精版印刷

Printed in Japan　ISBN978-4-296-11545-7

nb 好評既刊